·经典收藏版·

不可不知的海外旅游禁忌

行摄旅途编辑部◎主编

旅游教育出版社

编委会

前言

早在2000多年前,《礼记·曲礼上》便记载:“入竟(境)而问禁,入国而问俗,入门而问讳。”这句引文说的就是,人们在日常生活中要了解各种禁忌习俗,规范自己的思想道德和行为。

如今,出境旅游如火如荼。那些海外旅游者虽然因浏览了异国的风光、体验了不同的风情而自喜不已,但也时常为各种禁忌、习俗所困惑。如:

在日本为什么不能随便穿和服?缅甸男性一生必须当一次和尚吗?为什么印度人很少用左手?给英国人送礼要注意什么?为什么德国人忌讳黑鞋配白带?在埃及为何不能拜访异性?在美国为什么不能随意微笑……

这些丰富而又极具吸引力的海外旅游禁忌知识,都可以在本书一一找到答案。

受文化传统和生活习俗影响,不同国家和地区产生了不同的宗教信仰、道德规范、审美标准、行为方式,也由此形成了各自不同的禁忌文化。了解、熟知这些迥然相异、精彩纷呈的禁忌习俗,有助于海外旅游者更好地适应环境,融入当地生活,减少文化摩擦,从而大大丰富他们的海外旅程。

《不可不知的海外旅游禁忌》,是我们特别为热爱海外旅游的朋友准备的一份厚礼。它以亚洲旅游区、欧洲旅游区、非洲旅游区、北美洲旅游区、南美洲旅游区、大洋洲旅游区为篇章,介绍了各大洲旅游热点国家和地区衣、食、住、行和日常交际等方面中充满地域色彩的文化禁忌常识,展示了海外旅游禁忌文化中最丰富、最独特、最有趣的魅力所在,希望能为即将踏上异国旅程或者有兴趣了解异域文化的朋友提供最有用的引导和最切实的帮助。

本书内容丰富,浅显易懂,语言流畅。您可以在最短的时间内,获取尽可能多的营养。另外，书中还配置了400余张精美图片，让您在轻松学知识的趣味阅读中，充分感受到海外旅游文化的底蕴和魅力，独享一桌超级视觉盛宴！

徒步天涯，远游万里，感受最浓烈的异国风情，体验最难忘的海外之旅。但愿本书能成为您领略海外文化、品读智慧人生的窗口；能成为您旅途中不可或缺的文化快餐、知识读本……

行摄旅途编辑部

目录

亚洲旅游区

日本 1

日本人为什么不穿左向衣襟服装 1
在日本为什么不能随便穿和服 1
在日本为什么进屋前一定要脱鞋 2
日本人有什么用餐忌讳 2
日本人用筷有什么禁忌 3
在日本为什么没有喝开水的习惯 4
在日本饮酒有哪些注意事项 4
去日本旅行，哪些物品最好提前准备 5
在日本出游，为什么需要携带长柄雨伞 6
在日本逛街，为什么最好不乘出租车 6
在日本购物应该注意些什么 7
在日本洗温泉有什么讲究 7
给日本人送礼物有什么讲究 8
与日本人交往需要注意些什么 8
与日本人交换名片需要注意些什么 9
日本人有什么颜色、数字、花、图案禁忌 10

韩国 11

在韩国年轻女性为什么不戴白色头巾 11
韩国人做饭洗衣的围裙为什么被称为“幸州裙” 11
在韩国吃饭时需要注意些什么 12
韩国人为什么偏爱“小吃摊” 12
韩国人喝酒有些什么讲究 13
在韩国住宿应注意些什么 14
在韩国游玩为什么不能随便拍照 14
与韩国人交往要注意哪些礼节 15
在韩国人家做客应注意些什么 15
韩国人有什么数字禁忌 16
在韩国旅游，政治上需注意哪些事项 16

蒙古 17

蒙古人相互见面，为何不先问身体如何 17
蒙古人为何不穿黑色的衣服 18
蒙古人在饮食方面有哪些注意事项 18
蒙古人有哪些日常禁忌 18

朝鲜 19

在朝鲜出入境有哪些规定 19
在朝鲜拍照有哪些规定 19
在朝鲜交谈有哪些禁忌 20
朝鲜还有哪些禁忌 20

越南 21

越南人有哪些言语禁忌、饮食禁忌、婚丧禁忌 21
越南人还有哪些日常禁忌 21

老挝 22

老挝人行双手合十礼有什么讲究 22
老挝人有怎样的饮食禁忌 23
老挝人有哪些日常行为禁忌 23

柬埔寨 24

柬埔寨的“七彩星期”知多少 24
柬埔寨人见面如何施礼 25
柬埔寨人有哪些日常禁忌 25

缅甸 26

缅甸男性一生必须当一次和尚吗 26
在缅甸，为什么女性不能登佛塔塔基 27
在缅甸为什么不能穿鞋进入寺庙 27
缅甸有哪些日常禁忌 28
缅甸人有怎样的数字与色彩禁忌 29

泰国 29

在泰国用餐需要注意些什么 29
在泰国为什么甜品和酒不能同时享用 30
在泰国女性路遇僧侣需要注意什么 31
参观泰国寺庙要注意哪些事项 31
在泰国需要注意的公共禁忌有哪些 32
收送泰国人礼物有些什么讲究 33
在泰国为什么不能碰触别人的头部 33
泰国人对左手和脚掌有怎样的禁忌 34
泰国人的见面礼仪有些什么讲究 34
泰国人签名为什么不用红笔 34
在泰国给小费有哪些注意事项 35

菲律宾 35

在菲律宾旅游，穿衣须注意哪些事项 35
你听说过菲律宾的“菠萝服”吗 36
菲律宾人有怎样的饮食习惯 36
去菲律宾旅游住宿需要注意什么 37
菲律宾人有什么样的社交礼仪 38
与菲律宾人交往，为什么不能“面无表情” 38
去菲律宾人家做客需要注意些什么 39
菲律宾人有什么数字、图案禁忌 39

新加坡 40

去新加坡旅游，穿什么最适合 40
新加坡人有什么样的餐厅礼仪讲究 40
在新加坡住宿要注意些什么 41
在新加坡乘公交，上下车为什么需要提前打招呼 41
在新加坡，驾车方向为何与中国相反 42
在新加坡购物，应该知道些什么 42
到新加坡人家做客，需要注意些什么 43
在新加坡为什么不能随便吸烟 44

在新加坡为什么不能对人说“恭喜发财” 44
新加坡男性为什么不留长发 45
新加坡人对数字、颜色和图案有什么好恶 45

马来西亚 46

马来西亚人对穿着有哪些讲究 46
马来西亚餐厅桌上的水壶是做什么用的 46
女性在游览马来西亚清真寺时要注意些什么 47
去马来西亚旅行，需要注意哪些医药卫生问题 47
与马来西亚人交往要注意哪些礼仪禁忌 48
去马来西亚人家做客需要注意什么 48
马来西亚人有哪些日常禁忌 49

印度尼西亚 50

在印度尼西亚旅行，穿什么衣服最适宜 50
在印度尼西亚参观寺庙要注意什么 50
去印度尼西亚人家做客需要注意些什么 51
印度尼西亚人有哪些日常禁忌 51
为什么说印度尼西亚人敬蛇如敬神 52

文莱 53

文莱人见面如何行礼 53
文莱有哪些日常禁忌 53

东帝汶 54

东帝汶有哪些风俗禁忌 54

印度 54

去印度旅行需要注意些什么 54
为什么印度教教徒不能吃牛肉 55
在印度新德里为什么不容易买到酒 56
在印度，参观寺庙有哪些禁忌 56
为什么印度人很少用左手 56
在印度人家做客应注意些什么 57
与印度人交谈为什么不能随意点头或摇头 57
印度人有怎样的社交礼仪 57
在印度，人们为什么忌讳别人触摸头部 58
在印度，还有哪些日常生活禁忌 58
印度人对数字、颜色、图案有禁忌吗 59
印度女性为什么要在前额点痣 59

巴基斯坦 60

在巴基斯坦为什么不能随便饮酒 60
巴基斯坦人有哪些饮食禁忌 60
去巴基斯坦人家做客需要注意些什么 61
巴基斯坦人有怎样的见面礼节 61
巴基斯坦人有哪些日常禁忌 62

孟加拉国 63

孟加拉国人有什么日常禁忌 63
孟加拉国人有怎样的社交礼仪讲究 63

尼泊尔 64

尼泊尔人送礼有什么讲究 64
在尼泊尔为什么不准宰杀黄牛 65
在尼泊尔，有哪些日常禁忌 65

马尔代夫 66

到马尔代夫旅游应注意哪些事项 66
在马尔代夫住宿需要注意些什么 66
在马尔代夫如何给小费 67

斯里兰卡 68

斯里兰卡人有哪些风俗禁忌 68

不丹 68

不丹人有哪些日常禁忌 68

沙特阿拉伯 69

去沙特阿拉伯旅行什么时间最适宜 69
在沙特阿拉伯女性穿衣有些什么讲究 69
与沙特阿拉伯人交往要注意些什么 70
与沙特阿拉伯人做生意需要注意哪些事项 70
给沙特阿拉伯人送礼物有何讲究 71
在沙特阿拉伯人家喝咖啡要注意些什么 72
沙特阿拉伯人崇尚的颜色和图案有什么 72

土耳其 73

去土耳其旅游需要带四季的服装吗 73
土耳其人穿衣有什么讲究 73
与土耳其人交谈要注意些什么 74
在土耳其住酒店需要注意哪些事项 74
土耳其人在饮食方面有哪些禁忌 75
独特的土耳其咖啡有哪些喝法 75
土耳其人是在浴室里选新娘吗 76
土耳其人对颜色、图案、数字有什么禁忌 77

科威特 77

在科威特参观清真寺要注意些什么 77
科威特人见面如何打招呼 78
去科威特人家做客要注意些什么 79
科威特人有哪些日常禁忌 79

伊拉克 80

伊拉克人有怎样的饮食习俗 80
伊拉克人有什么颜色、图案和数字的禁忌 81

伊朗 81

伊朗人的见面礼节有什么讲究 81
在伊朗从事商务活动应注意什么 82
在伊朗旅行，需要注意哪些事项 82
伊朗人在饮食上有哪些禁忌 83

阿联酋 84

出入境阿联酋有哪些注意事项 84
阿联酋的气候怎样，旅游时应如何着装 84
在阿联酋旅行应注意什么 85
阿联酋人有哪些日常禁忌 86
在阿联酋哪些东西值得购买 86

阿塞拜疆 87

阿塞拜疆人的见面礼仪有哪些讲究 87
阿塞拜疆人有哪些日常禁忌 88

阿曼 88

阿曼人见面如何行礼 88
在阿曼有哪些日常禁忌 89
在阿曼自驾游需要注意哪些事项 89
巴林 90
在巴林人家做客需要注意些什么 90
与巴林人交往有哪些禁忌 90

格鲁吉亚 91

格鲁吉亚人的社交礼仪是怎样的 91
格鲁吉亚人有哪些日常禁忌 92

卡塔尔 92

与卡塔尔人交往要注意哪些礼节 92
卡塔尔人的日常禁忌有哪些 93
在卡塔尔驾车要注意些什么 93

约旦 94

与约旦人交往需要注意些什么 94
单身女性去约旦旅行需要注意些什么 94

也门 95

也门人有什么独特的待客礼仪 95
也门人见面行礼有哪些讲究 96
也门人有哪些日常禁忌 96

阿富汗 96

阿富汗人在颜色、图案和数字方面有哪些喜恶 96
阿富汗人有哪些日常禁忌 97

叙利亚 97

叙利亚有哪些日常禁忌 97

吉尔吉斯斯坦 98

为什么吉尔吉斯斯坦人爱戴帽子 98
吉尔吉斯斯坦人有哪些饮食禁忌 99
吉尔吉斯斯坦人有什么日常禁忌 99

乌兹别克斯坦 100

乌兹别克斯坦有哪些日常禁忌 100

哈萨克斯坦 100

哈萨克斯坦有哪些日常禁忌 100

欧洲旅游区

英国 101

在英国餐厅用餐要注意什么 101
在英国人家聚餐要注意什么 102
英国人在穿着上有什么讲究 102
与英国人交谈要注意什么 103
与英国人初次见面要注意什么 103
在英国参加舞会要注意什么 103
英国人比较忌讳哪些行为 104
在英国点烟有怎样的忌讳 105
英国人尊重妇女体现在哪 105
英国人忌讳哪些花、颜色和动物 105
给英国人送礼要注意什么 106
在英国购物要注意哪些事项 106
在英国行车走路要注意什么 107
为什么在英国要尽量将已兑换的钱花掉或换掉 107
出入英国海关应注意哪些事项 108

爱尔兰 108

与爱尔兰人交往要注意什么 108
与爱尔兰人交谈不能涉及什么 109
爱尔兰有哪些日常禁忌 109

法国 110

在法国用餐要注意什么 110
法国人喝葡萄酒有什么讲究 111
法国人对穿着有怎样的要求 111
受邀到法国人家做客要注意什么 112
与法国人交谈要注意什么 112
与法国人交往，要懂得哪些手势 113
在法国的社交场合，见面时要注意什么 113
法国人送礼有怎样讲究 114
在法国乘出租车要注意什么 114
在法国购物，退税要注意哪些问题 115
法国海关对游客携带物有哪些规定 116

荷兰 116

荷兰人吃饭有什么讲究 116
在荷兰预订住宿要注意哪些问题 116
与荷兰人会面，礼节方面要注意什么 117
荷兰人有哪些日常禁忌 117

荷兰人倒咖啡有什么讲究 117
给荷兰人送礼物有什么讲究 117
在荷兰上楼梯要注意什么 118
在荷兰，为什么不能玩街边小纸球游戏 118
在荷兰从事商务活动，要注意什么 119

比利时 120

与比利时人交谈，应避免什么话题 120
在比利时进行商务活动要注意哪些 120
比利时人有什么忌讳 120
在比利时的娱乐场所应注意什么 121

丹麦 121

到丹麦人家做客要注意哪些礼节 121
丹麦人见面有哪些礼节 122
到丹麦从事商务活动，男士在穿着方面要注意什么 122
在丹麦什么时候不宜谈公事 122
出入丹麦边境要注意哪些事项 123

挪威 123

到挪威人家做客，要注意什么 123
挪威人喜欢什么颜色 124
挪威有哪些日常禁忌 124

瑞典 124

在瑞典敬酒有什么规矩吗 124
瑞典人戴戒指有什么讲究 125
与瑞典人交往要注意什么 125
在瑞典开车要注意哪些事项 125
在瑞典乘交通工具要付行李费吗 126
瑞典人有哪些日常禁忌 126

芬兰 127

请芬兰人吃饭要注意什么 127
与芬兰人谈话，应注意什么 127
到芬兰人家做客，可以拒绝做芬兰浴吗 127
芬兰人有哪些日常禁忌 128

冰岛 128

与冰岛人交谈要注意什么 128
在冰岛可以给小费吗 129
在冰岛白天开车要开灯吗 129
在冰岛从事商务活动要注意什么 129

德国 130

为什么德国人忌讳黑鞋配白带 130
在德国穿着方面要注意什么 130
应怎样礼貌地称呼德国人 131
与德国人交谈要避谈哪些话题 131
去德国人家做客要注意什么 131
在德国用付小费吗 132
与德国人打电话要注意什么 132
在德国购物要注意什么 132
在德国海关要注意什么 133
德国人有哪些日常禁忌 133

奥地利 134

奥地利人有哪些日常禁忌 134
与奥地利人交谈，要避免什么话题 134
在奥地利购物要注意什么 135
在奥地利听歌剧和音乐要注意什么 135
入境奥地利有哪些规定 136

匈牙利 136

匈牙利人在用餐方面有怎样的忌讳 136
匈牙利人有哪些禁忌 137
在匈牙利兑换货币要注意什么 137
出入匈牙利要注意什么 137

瑞士 138

在瑞士用餐要注意什么 138
瑞士人在穿着上有怎样的讲究 138
给瑞士人送花有什么讲究 139
与瑞士人交谈，要注意什么 139
在瑞士的公共场合可以大声说话吗 139
进入瑞士可以携带什么 140

捷克 140

与捷克人交往应注意什么 140
捷克人有哪些禁忌 141
在捷克为什么不能讨厌狼 141

波兰 141

波兰人有哪些禁忌 141

意大利 142

意大利人吃面有哪些讲究 142
在意大利用餐要注意什么 142
意大利人在喝酒方面有哪些讲究 143
意大利人喝咖啡或茶有何特别之处 144
在意大利聚会、做客要注意什么 145
参观意大利教堂，穿着上要注意什么 145
在意大利购物要注意什么 146
给意大利人送礼，要注意什么 146
在意大利的社交场合，有哪些注意事项 147
与意大利人交谈要注意什么 147
意大利人的手势和表情有何特殊之处 148
意大利人尊重、照顾女士体现在哪 149
为什么在意大利打喷嚏或咳嗽要向他人道歉 149
意大利人的时间观念如何 149
在意大利坐公交车、地铁要注意什么 150
在意大利乘火车要注意什么 150
在意大利进行商务活动，要注意什么 151
非欧盟国家公民入境意大利要注意什么 152

梵蒂冈 153

参观梵蒂冈教堂要注意什么 153

西班牙 154

和西班牙人交往要注意什么 154
与西班牙人交谈，不能涉及哪些话题 154
给西班牙人送花要注意什么 155
女性在西班牙要注意什么 155
在西班牙住酒店要注意什么 156
在西班牙从事商务活动要注意什么 156
在西班牙要注意哪些治安问题 156

葡萄牙 157

在葡萄牙喝葡萄酒有什么讲究 157
与葡萄牙人交往要注意什么 158
在葡萄牙如何称呼别人 158
在葡萄牙乘坐交通工具要注意什么 158
在葡萄牙进行商务活动要注意什么 159

希腊 160

希腊人请喝东西，为什么不能随意拒绝 160
女士进入希腊教堂要注意什么 160
与希腊人交谈，哪些话题不能讲 160
在希腊为何不能随意招手或摆手 161
在希腊拍照，为什么不能使用三角架 161
希腊人还有哪些禁忌 161

马其顿 162

与马其顿人交往，要注意什么 162

罗马尼亚 163

罗马尼亚人喜爱什么花和颜色 163

给罗马尼亚人送礼要注意什么 163
罗马尼亚人有哪些日常禁忌 163

保加利亚 164

与保加利亚人交往,应注意哪些细节 164
保加利亚人有哪些禁忌 164

阿尔巴尼亚 165

阿尔巴尼亚人如何表达同意和否定 165
女性在阿尔巴尼亚要注意什么 165
阿尔巴尼亚人有哪些日常禁忌 166

马耳他 166

马耳他人有哪些日常禁忌 166

俄罗斯 167

俄罗斯人在饮食上有哪些禁忌 167
俄罗斯人喝酒、敬酒有哪些讲究 167
俄罗斯人在穿着方面有何禁忌 168
去俄罗斯旅游,带衣服要注意哪些事项 168
在俄罗斯如何称呼别人 168
俄罗斯人见面有哪些礼仪 169
参加俄罗斯家庭宴会或晚会要注意什么 169
俄罗斯人对打碎东西有怎样说法 170
给俄罗斯人送花有什么样的讲究 170
俄罗斯人忌讳什么动物 170
盐在俄罗斯人的心中有着怎样的地位 171
为什么不能厌烦俄罗斯人的“冷落” 171
在俄罗斯的公共场所要注意什么 172
在俄罗斯游玩,要注意什么 172

乌克兰 173

在乌克兰用餐有哪些讲究 173
乌克兰人对颜色有怎样的看法 173
与乌克兰人交谈要注意什么 173
给乌克兰人送礼要注意什么 174
在乌克兰为何不可以用左手服务 174

立陶宛 175

立陶宛人在日常生活中有哪些忌讳 175
在立陶宛出行要注意什么 175
入境立陶宛有哪些注意事项 176

白俄罗斯 177

白俄罗斯人喜爱和忌讳什么数字 177
白俄罗斯人有何着装习惯 177
为什么不能在白俄罗斯人面前用微笑表示友好 178
白俄罗斯人有哪些日常禁忌 178

非洲旅游区

埃及 179

埃及人在饮食方面有什么忌讳 179
去埃及人家里做客,要注意哪些事项 180
在埃及穿着方面要注意什么 180
与埃及人交谈要注意哪些问题 181
为什么不要当埃及人面前打哈欠或打喷嚏 181
在埃及为何不能拜访异性 181
为什么埃及人认为左手是肮脏的 182
在埃及的穆斯林教徒做礼拜时游客应注意什么 182

为什么不要在意埃及人的一些反常行为 183
埃及人对颜色有怎样的看法 183
在埃及为什么不能任意拍照 183
埃及人为什么忌讳针 184
在埃及从事商务活动要注意什么 184

摩洛哥 185

到摩洛哥人家做客，有哪些注意事项 185
在摩洛哥与人交往要注意哪些事项 185
摩洛哥人见客有哪些礼节 186
在摩洛哥从事商务活动要注意什么 186
摩洛哥人有哪些禁忌 186

阿尔及利亚 187

为什么在阿尔及利亚女性最好穿白衣、戴斗篷 187
在阿尔及利亚，为什么与人握手要用力 187
为什么女性在阿尔及利亚只能逛店购物 187
阿尔及利亚人在生活习俗上有哪些特点 188
阿尔及利亚人有哪些禁忌 188

突尼斯 189

在突尼斯为何不能用沙子清洗餐具 189
为什么女性在突尼斯不能穿无袖的衣服 189
给突尼斯人送礼要注意什么 189
突尼斯人有哪些禁忌 190

苏丹 190

在苏丹可以喝酒吗 190
在苏丹吃东西要注意什么 190
在苏丹可以穿短袖吗 191
前往苏丹为什么要打疫苗 191
入境苏丹有哪些注意事项 191
苏丹人有哪些禁忌 192

埃塞俄比亚 192

在埃塞俄比亚穿衣要注意什么 192
埃塞俄比亚人有哪些日常禁忌 192

肯尼亚 193

在肯尼亚可以喝自然水吗 193
在肯尼亚穿着上要注意什么 193
在肯尼亚拍照有哪些注意事项 193
游客在野生动物保护区内要注意什么 194
肯尼亚人有哪些禁忌 194

坦桑尼亚 195

坦桑尼亚人有哪些禁忌 195

乌干达 195

乌干达人有哪些禁忌 195

尼日利亚 196

为什么在尼日利亚不能将食物全部吃完 196
在尼日利亚，为什么穿鞋戴帽会挨打 196
尼日利亚对签证有哪些规定 197
尼日利亚人有哪些忌讳 197

加纳 198

加纳人有哪些日常禁忌 198

刚果 198

在刚果为何不能超越灵车 198
刚果人有哪些禁忌 199

南非 199

在南非为什么不能目不转睛地盯着当地人 199

与南非黑人交谈时要注意什么 200
在南非为什么不要在繁华地区张扬 200
在南非为什么不能随意拍照 200
游览南非野生动物园要注意什么 200

毛里求斯 201

在毛里求斯用晚餐要注意什么 201
在毛里求斯说什么语言比较好 201

赞比亚 201

在赞比亚，穿着上应注意什么 201
为什么在赞比亚要防蚊子 202
赞比亚人有何日常禁忌 202

北美洲旅游区

美国 203

在美国喝酒要注意什么 203
在美国吃东西要注意哪些法律法规 204
美国人用餐有哪些忌讳 204
美国人忌食什么 204
在美国女性穿着打扮要注意什么 205
在美国为什么不能随便脱鞋袜 205
在美国住宿要注意什么 205
在美国过马路、开车要注意什么 206
在美国为什么不能随便搭车 206
在美国乘公共汽车要注意什么 207
与美国人交往为什么不能含糊其辞 207
与美国人交往为什么不能谦虚 208
给美国人送礼有哪些讲究 208
与美国人交谈要避开什么话题 208
在美国为什么不能随便说 I am sorry 209
为什么在美国要慎言“老” 209
在美国为什么不能随意微笑 209
在美国可以使用 Negro 吗 210
在美国遇到陌生人要注意什么 210
美国人有哪些不同的手势 210
在美国同性不能共舞吗 211
美国人送客有何不同 211
在美国酒吧女性要注意什么 211
一同消费，可以为美国人付账吗 212
在美国上厕所要注意什么 212
美国人怎样看待隐私问题 212
美国人怎样看待颜色 213
美国人喜爱和厌恶哪些动物 213
美国人忌讳哪些行为 213
到美国人家做客要问候孩子吗 214
与美国警察沟通要注意什么 214

加拿大 215

在加拿大宴席上的“三不”是指什么 215
加拿大人对饮食有怎样的讲究 216
加拿大人在穿着方面有怎样的讲究 216
与加拿大人交谈要注意什么 217
在加拿大赴约要注意什么 217
到加拿大人家做客要注意什么 217
开车到加拿大人家要注意什么 218
与加拿大人会面要注意哪些礼节 218
在加拿大付小费要注意哪些事项 218
加拿大人尊重老人和女士体现在哪 219
给加拿大人送礼要注意什么 219
入住加拿大酒店要注意什么 219
在加拿大的公共场合，要注意什么 220
在加拿大从事商务活动，要注意什么 220

墨西哥 221

在墨西哥喝龙舌兰酒，要注意什么 221
为什么在墨西哥最好不要直接饮用

自来水 221
在墨西哥可以随便穿“恰罗士”服吗 222
前往墨西哥要带哪些衣服 222
出入墨西哥公共场所穿着上要注意什么 222
在墨西哥可以用手势来比画小孩的身高吗 223
在墨西哥兑换货币有哪些注意事项 223
到墨西哥人家做客要注意什么 224
送礼给墨西哥人要注意什么 224
在墨西哥接到不想去的邀请怎么办 225
墨西哥人喜爱和忌讳哪些颜色、动植物 225
在墨西哥,可以不给小费吗 226
为什么身体不佳不能去墨西哥 226
带孩子到墨西哥要注意哪些事项 226
女性在墨西哥出行要注意什么 227
在墨西哥乘出租车为何要注意司机的驾驶证 227
在墨西哥开车要注意哪些问题 228
在墨西哥从事商务活动要注意什么 228
墨西哥的少数部族人有哪些特殊禁忌 229
入境墨西哥要注意哪些事项 229

古巴 230

古巴人在饮食方面有怎样的讲究 230
古巴人在衣着方面有怎样的讲究 230
古巴人相见有怎样的礼节 231
古巴人重视日常问候吗 231
在古巴从事商务活动要注意什么 232
古巴海关对游客携带物有怎样的规定 232
古巴人有哪些禁忌 233

危地马拉 233

危地马拉人的见面礼仪是怎样的 233
危地马拉人有哪些日常禁忌 233

巴拉圭 234

与巴拉圭人交谈需要注意什么 234
巴拉圭人的见面礼仪有什么讲究 234

南美洲旅游区

巴西 235

在巴西旅游需注意哪些穿衣事项 235
巴西人有怎样的见面礼仪 236
在巴西女士优先体现在哪里 236
巴西人有着怎样的公共场所禁忌 236
在巴西参加商务活动要注意些什么 237
给巴西人送礼物有什么讲究 237
在巴西纳坚斯第地区,女性帽子为什么不能随便戴 238
在巴西旅游哪些东西不买必后悔 238
巴西人有着怎样的色彩禁忌 238
在巴西旅行住宿需要注意些什么 239

阿根廷 239

阿根廷人有怎样的穿衣讲究 239
在阿根廷人们见面如何打招呼 240
阿根廷人有哪些日常禁忌 240
在阿根廷旅游住酒店需要注意哪些事项 241
在阿根廷进行商务活动要注意些什么 241

智利

智利人的见面礼节是怎样的 242
入境智利须注意些什么 242
智利人对服装颜色有什么讲究 243
智利人每餐必饮酒吗 243

秘鲁 244
秘鲁人的日常禁忌有哪些 244
出入境秘鲁要注意什么 244
哥伦比亚 245
哥伦比亚人有怎样的日常禁忌与喜好 245
哥伦比亚人的见面礼仪有什么特别讲究 246
乌拉圭 246
乌拉圭人有哪些日常禁忌 246
乌拉圭人有怎样的独特生活习俗 247
圭亚那 247
圭亚那人的礼仪与禁忌是怎样的 247
在圭亚那旅行外出需要注意些什么 248
玻利维亚 248
在玻利维亚参加商务活动要注意些什么 248
在玻利维亚乘坐出租车要注意什么 249
玻利维亚旅行住宿须知 249

大洋洲旅游区

澳大利亚 251
澳大利亚人有怎样的社交礼仪 251
澳大利亚人有哪些饮食禁忌 252
在澳大利亚乘出租车有什么讲究 253
在澳大利亚购物如何退税 253
在澳大利亚住宿需要注意些什么 254
澳大利亚人有哪些日常禁忌 254
新西兰 255
与新西兰人交往要注意些什么 255
新西兰毛利人有着怎样独特的见面礼仪 256
出境新西兰应注意些什么 256
与新西兰人做生意应注意些什么 257
新西兰人有怎样的饮食习俗及讲究 258
斐济 258
斐济人见面如何打招呼 258
为何斐济女性不穿裙子，男性又穿裙子又戴花 259
在斐济，为什么不能随便戴花 259
在斐济为什么女性留短发，男性留长发 260
斐济人有哪些日常禁忌 260
汤加 261
在汤加为什么不能夸奖女性身材苗条 261
汤加人有什么样的见面礼仪 261
汤加人的日常禁忌有哪些 262
巴布亚新几内亚 262
为何说在巴布亚新几内亚夫妻吵架供观赏 262
巴布亚新几内亚有哪些日常禁忌 263
在巴布亚新几内亚男人为什么不提重物 263

亚洲旅游区

日　本

日本人为什么不穿左向衣襟服装

在日本，正常穿衣都是右向掩衣襟，而人死下葬时，要左向掩衣襟。日本人认为在阴间，死者的装束一定是与平时相反的。所以，日本人是不会买左向掩衣襟的服装的，哪怕自己非常喜爱或是国际名牌。

穿和服的日本女人

在日本为什么不能随便穿和服

和服为日本的国服和民族服装，是在中国唐装的基础上演变而来的。日本的和服色彩缤纷艳丽，种类、款式多样。每年一月的第二个星期一是日本的成人节。这一天，年方 20 岁的青年要在各地政府参加成人仪式。仪式中最亮丽的风景，当

然是身穿美丽和服的女孩子们了。此外，在日本很多重要的场合，女性也会身穿和服出席，如婚礼、毕业典礼等。但和服的穿着也是有年龄和身份区别的，如已婚妇女穿的和服袖子是比较短的，称为“留袖”，而未婚年轻女子穿的和服，一般袖子比较长，称为“振袖”。所以，在日本旅游，如果想体验一下穿和服的感觉，或者是拍照留念，切记要选择适合自己年龄的和服，不要随便穿。

小贴士：和服

和服从字面上解释为“和”的服装（“和”字源于日本的大和民族）。江户时代以前通常指吴服，源于中国三国时期。明治前和服泛指所有服装。与此词相对应的是洋服，指来自西洋的服饰。后来此词的词意逐渐单一化，通常单指一种日本的传统民族服饰。

在日本为什么进屋前一定要脱鞋

铺着日式草垫的榻榻米

日本属海洋性气候，空气潮湿。传统房屋多是木质结构，里面铺有叫“榻榻米”的稻草垫，上面是地毯，一旦受潮很容易发霉、变质。为了不让外面的湿气进入室内，自古以来，日本人就养成进屋便脱鞋的习惯。另外，穿鞋进屋也是对别人财产的不爱惜，劳动的不尊重，因为家庭主妇们费了很大的劲才打扫干净。所以，在日本，进入酒店房间、会议室、办公室、住户等之前，一定要记得脱鞋。

小贴士：榻榻米

榻榻米旧称“叠席”，用蔺草编织而成，是铺在地上供人坐或卧的一种家具。其起源于中国汉代，是人类席居文化的结晶，是先人智慧的凝结。从盛唐时期传入日本、韩国等地，后被起源于日本本土的榻榻米所吸收，并得以发扬光大和广泛应用，至今已有近两千多年的历史了。

日本人有什么用餐忌讳

日本人用餐中的忌讳很多：一般不吃肥肉和猪内脏，不吃羊肉和鸭子；忌讳将饭盛过满过多，一勺盛好一碗；忌讳一碗就够，只吃一碗象征无缘；忌讳吃饭时整理衣服或抚摸、整理头发，因为这是不卫生和不礼貌的举止。

色香味俱佳的日本料理

小贴士：日本料理

日本料理极具观赏性，讲究平静、优雅，所选择的材料多以新鲜的海产品和时令新鲜蔬菜为主，具有口感清淡、加工精细、色泽鲜艳、少油腻等特点。

日本人用筷有什么禁忌

日本人吃饭时，特别注重餐桌用筷的礼节，其中用筷有很多讲究：①忌舔筷；②忌用筷子夹起菜后没吃，又去夹另外的菜；③忌手拿筷子在菜品上游走不定，不知夹什么；④忌将筷子插在饭上；⑤忌夹菜后抖动筷子；⑥忌用筷子将菜从中间掏开，扒弄着吃；⑦忌将筷子当做牙签剔牙；⑧忌用筷子敲打餐具或桌面；⑨忌用筷子指点他人。

日本筷子节上五颜六色的筷子

小贴士：筷子节

在日本，每年的8月4日为“筷子节”。据说在20世纪80年代时，日本的一位叫本田总一郎的学者，为感谢“筷子”一日三餐辛勤地为人们效劳，建议将每年的8月4日定为“筷子节”。这个倡议，立即得到全日本人的热烈响应。于是，1980年8月4日“保卫日本的节日之会”分别在东京赤坂的日枝神社和新泻县三条市的八幡神社举办了供奉筷子的仪式。这一天，人们载歌载舞地庆祝这一庄严神圣的节日。从此，日本就有了“筷子节”。

在日本为什么没有喝开水的习惯

日本的自来水是可以直接饮用的。日本人没有喝开水的习惯，一般都喝生水。在日本有两个“绝对安全”，其中一个便是水的安全。日本政府声称，居住在日本的外国人喝生水保证不会出问题，因为这里的水是作为一类食品进行卫生严格管理的。所以，在日本游玩渴了，可以放心地在车站及大型公共场所所设的自来水喷水口喝水，既方便又安全。另外，大饭店、大餐厅也都备有矿泉水供客人饮用。

正在喝自来水的日本学生

在日本饮酒有哪些注意事项

(1)要注意座位，主人(上司)坐在房间靠内的地方，职位低、年纪轻的人坐在离门口近的地方。若朋友之间聚会，则请客人坐在靠近门口的地方。

(2) 在一般的日式酒馆喝酒，你可以用自己的酒瓶向敬自己酒的同伴回斟酒。有时好喝酒的朋友或许请你喝威士忌。此时如果这瓶酒不是你付钱，则不可回斟。

(3)给别人倒酒时，可一只手拿着铫子(日式酒壶、酒瓶)的中间注入对方的杯子。若表示特别的敬意，须使用双手。如果是女性倒酒，可右手拿铫子，左手轻靠，以显优雅。倒酒时，铫子的瓶口不要挨在对方的酒杯上，要稍微隔开一点。酒八分满较好。

(4) 别人给自己倒酒时，最好双手拿杯去迎接。可右手拿杯，左后轻托杯子。

日本清酒

(5)一群人喝酒时,要等大家叫一声"干杯"后再开始喝。两人喝酒时,先给对方倒酒。

(6)喝清酒时,若别人给你倒酒,要先喝干杯子里的酒,再去接酒。另外,也要回敬。

(7)不要饮酒过度。如有人在你旁边闹酒,可向服务人员求助。

小贴士:日本清酒

清酒是以米、米曲和水发酵而成的一种传统酒类,在日本直接称之为日本酒。酒精含量在15%以上,酒色泽呈淡黄色或无色,清亮透明,芳香宜人,口味纯正,绵柔爽口,其酸、甜、苦、涩、辣诸味谐调,含多种氨基酸、维生素,是一种营养丰富的饮料酒。

去日本旅行,哪些物品最好提前准备

在日本,兑换货币须在外币兑换银行或其他合法的货币兑换场所兑换,并且需要出示自己的护照。日本国内大部分银行都没有人民币的兑换业务,而且兑换业务只在上午9:00至下午3:00进行,星期六、日及主要假日,银行是全天休息的。所以,最好在离开国内前就兑换好日元,这样可以省去许多兑换货币的时间。

小贴士:签证/护照

我国尚未成为日本免除签证的对象国,因此,去日本旅行或公干,不管逗留几天,都必须提前办理签证。

另外,日本的酒店很少提供牙刷、牙膏、拖鞋等物品,最好自己准备。外出游玩时,最好带点零食,以便饥饿时充饥。因为,旅行中吃饭是很难做到有规律的,再加上当地生活指数较高,饭菜也较贵。所以,带点零食是非常有必要的。需要提醒的是:如果是春天去日本,最好准备个口罩,可以用来防止花粉刺鼻或过敏。

日本酒店内不提供牙刷、牙膏的洗手间

在日本出游，为什么需要携带长柄雨伞

在日本出门游玩时要记得带伞。因为日本是海洋性气候，晴雨不定，带上一把伞有备无患。而且，一定要带长把的伞。因为在日本的公共场所，甚至私家住宅门旁，都会在门口安置伞架或伞筐。长把的伞可以插在伞架或立于筐内，而折叠伞就不好插放了。

长柄伞

小贴士：气候

日本地处海洋的包围之中，属温带海洋性季风气候。但由于地形狭长，纵贯热带、温带和寒带3个气候带，再加之受大陆和海洋气候的双重影响，气候变化较大，四季分明。夏季全国气温普遍较高，降水充沛。冬季日本海一侧多雪，阴天多，太平洋一侧气候干燥，多丽日。冬季南北温差较大，1月份北部的札幌平均气温在零度以下，而南部的那霸平均气温则在15℃以上。

在日本逛街，为什么最好不乘出租车

日本的出租车价格偏贵。如果自己囊中羞涩的话，还是选择坐地铁出行比较适宜。因为日本的地铁交通十分发达，线路密如蛛网，既便宜又方便。地铁站直通高楼底层，供你出行选择的余地也很大。另外，记得逛街时最好带一张自己所住酒店的名片，这样万一迷路也好返回。

小贴士：出行安全

在日本，车辆都是靠左行驶的，这点与我国刚好相反。因此，初到日本过马路时，一定要注意车辆的行驶方向，不要弄错，以免发生危险。

日本出租车

在日本购物应该注意些什么

在日本，百货公司的商品一般都明码标价，不能讨价还价。营业时间是从上午 10:00 至晚上 8:00，星期六、日以及全国假日也正常营业。但会在一周中的某一天休息，且各百货公司不尽相同。百货公司比其他商店早一小时下班。有些专门店在星期日和全国假日也闭店。另外，在购买电器或者电子用品时，应留意电器电压和制式是否可以调节，以便于回国使用。

日本纸币

小贴士：商品税

在日本购物时不能用人民币或美元支付，需将外币在饭店或银行兑换成日元使用。在日本除免税店外，所有消费均要加 5%的消费税，但在一些大商场购物金额在 1 万日元以上时可凭护照当场退消费税。但如当时不办理，过后是不能补办的。

在日本洗温泉有什么讲究

因日本本土境内多火山，所以温泉众多，日本的温泉浴很有名。日本人非常喜爱洗温泉浴，且洗温泉浴也有许多讲究，在洗浴前、中、后都需要注意。首先，洗浴前要在池外将身体冲净，才能进入浴池。其次，在入浴时应采取由下至上的过程浸湿身体，让身体慢慢适应水温，以免温度不适，引发脑溢血。洗浴中，不要使用香皂或其他洗浴用品，不能乱扔毛巾。如果你洗的是全裸浴，切记不要盯着别人看，这样会引起别人的反感。如果水温较高，最好泡一会儿休息一会儿。最后，走出浴池时，不要随

日本温泉旅馆

意甩动身上的水滴，要稍微擦拭一下，避免地上积水和水珠飞溅到他人身上。

小贴士：温泉

频繁的地壳运动造就了日本众多的温泉。据统计，日本约有2600多座温泉，有7.5万家温泉旅馆，每年日本约有1.1亿人次使用温泉。因此，日本有“温泉王国”的美称。对日本人来说，泡温泉是一种享受，是生活中的重要部分。日本著名温泉有大分县的别府温泉、静冈县的热海温泉、群马县的草津温泉、关西地区的有马温泉等。

给日本人送礼物有什么讲究

给日本人送礼物时，最好送成双成对的礼物，如一对笔、两瓶酒等。如果是送新婚夫妇红包，忌讳送2万日元和2的倍数，日本民间认为“2”这个数字容易导致夫妻感情破裂。一般送3万、5万或7万日元。另外，礼物包装纸的颜色也有讲究。黑白色代表丧事，绿色为不祥，也不宜用红色，最好用花色包装纸。还有，日本人也不愿接受有菊花或菊花图案的东西或礼物，因为那是皇室家族的标志。

日本民间忌讳的花——菊花

与日本人交往需要注意些什么

礼仪方面：日本人谦虚礼让、彬彬有礼。在正式社交场合，男女须穿正装、礼服，忌衣冠不整、举止失措和大声喧哗。在与日本人交谈时，不要说话时指手画脚，别人讲话时切忌插话打断。三人以上交谈时，注意不要冷落其他人。在交谈过程中，不要打听日本人的年龄、婚姻状况、工资收入等私事，会引起对方反感。在日本，用手抓自己的头皮是愤怒和不满的表示。

日本人重视礼仪——鞠躬礼

还有，不要贸然拜访日本人的家庭，除非事先约好。

小贴士：时间观念

日本人对时间的要求很严格，他们认为时间是宝贵的，不应为迟到而浪费别人的时间。如果实在因为某种原因不可避免地迟到，必须要提前打电话告诉对方。日本人对经常迟到的人是没有信赖感的。

语言方面：日本人日常有许多语言禁忌。如在婚礼等喜庆场合，忌说去、归、返、离、破、薄、冷、浅、灭、重复、再次、破损、断绝等不吉和凶兆的语言；对年龄较大的男子和妇女不要用“年迈”、“老人”等字样，年龄越大的人越忌讳；商店开业和新店落成时，忌说烟火、倒闭、崩溃、倾斜、流失、衰败及与火相联系的语言；交谈中忌谈人的生理缺陷，如大个、矮子、胖墩、秃顶、麻子、瞎聋、哑巴等字眼。

合影方面：在日本，三人并排合影时，谁都不愿意在中间站立。因为日本人认为被夹着是不祥的征兆。

与日本人交换名片需要注意些什么

日本人交换名片是很有讲究的。初次见面时，日本人往往一边做自我介绍，一边递上自己的名片。且总是地位低或年纪小的一方先给对方，这么做被认为是一种基本的礼节。递交名片时，要将名片正面对着对方。接到名片时，要注视对方并微笑致意。同时还要认真、仔细地加以阅读。不清楚的地方，要当面询问。如果看都不看就直接收起来，会被视为是没把对方放在眼里。

小贴士：语言

在日本，通用的语言虽然只有日语一种，但是绝大多数日本人在义务教育的阶段都学过英语。所以只要会说英语，并且说得慢些、清楚些，日本人大多都能听得懂。

日本人交换名片礼仪

日本人有什么颜色、数字、花、图案禁忌

日本多数人信奉神道和佛教，他们不喜欢紫色，认为它是悲伤的色调；最忌讳绿色，认为其是不祥之色。日本人忌讳“4”和“9”。因为“4”的读音和“死”相同；“9”和“苦”的读音相同，“9”意味着苦。“13”也是忌讳的数字。所以，有的旅馆房间号没有13、4、9这几个数字。日本人忌讳荷花，认为荷花是丧花。在探望病人时忌用山茶花及淡黄色、白色的花。不愿接受有菊花或菊花图案的礼品。日本人喜欢的图案是松、竹、梅、鸭子、乌龟等。

日本国旗

日本国花——樱花

小贴士：国旗、国花

日本国旗白色旗面，正中有一轮红日辉映。传说日本是太阳神创造的，而天皇就是太阳神子孙。旗呈长方形，长与宽的比例为3：2。旗面为白色，象征正直、纯洁；中间红色象征真诚、热忱。日本一词的意思即为“日出之国”。

日本被誉称“樱花之国”，因为，樱花是日本国家与民族的象征。樱花与象征皇室的菊花一起被指定为日本的国花。

韩 国

在韩国年轻女性为什么不戴白色头巾

韩国女性喜欢戴头巾。头巾分为三角巾和四方巾，有的印花，有的绣花，且大多色彩绚丽，质地有丝绸、缎及化纤等。在韩国，年老的女性多戴白色头巾。所以，韩国年轻女性从不戴白色的头巾，怕别人误以为年事已高。

戴绿色头巾的韩国女性

韩国人做饭洗衣的围裙为什么被称为“幸州裙”

“幸州裙”的名称由来已久。传说1593年2月日本出兵围攻离汉城20多公里的幸州山城，城中军民在权律将军指挥下，进行殊死抵抗。当时，幸州的妇女靠用围裙运石头来支前，有力地鼓舞了守城将士的士气。最终，打败了敌人，守住了城池。从此，韩国妇女系的围裙就被称为了“幸州裙”。

穿传统服装的韩国女性

小贴士：韩服

韩服是韩国的传统服装，优雅且有品位。近代被洋服替代。只有在节日和具有特殊意义的日子里穿。女性的传统服装是短上衣和宽长的裙子，看上去很优雅；男性以裤子、短上衣、背心、马甲显出独特的品位。

在韩国吃饭时需要注意些什么

韩国人不太喜欢吃过油、过腻、过甜的东西。出于环保考虑，他们吃饭用的餐具都是不锈钢制的。韩国人与长辈吃饭时不能先动筷子，更不可以用筷子指点别人，用餐完毕后要将筷子整齐地放在桌面上。吃饭用的汤匙和筷子其功能不能混同，吃饭用汤匙，夹菜用筷子，这是食礼的问题。此外，吃饭时也不能高谈阔论，而且嘴里不能发出太大的响声，否则会被视为是非常无礼的。还有，不可捧碗而食，这样的举动，他们是很难接受的，认为是极其不雅且没规矩的行为，而且也不能用嘴碰饭碗。

韩国餐具

小贴士：美食

韩国美食颇具地方风味和特色，以辣椒酱最具代表性。其主要美味有韩牛烧烤、参鸡汤、炸猪排、雪浓汤、石锅拌饭、各式煎饼、炒血肠、炒猪肠、辣炒年糕、猪脚、各式泡菜、水冷面、烤五花肉、蚕蛹等。旅游韩国，不可不尝！

韩国人为什么偏爱“小吃摊”

韩国路边小吃摊的文化起源于20世纪70年代。当时，韩国正处于经济急速发展时期。韩国人不分昼夜地辛苦工作，放弃了自己的业余时间和活动。每逢晚上工作完毕，就会借酒来缓解疲劳和压力。如此经过多年发展，渐渐形成了现在的韩国小吃摊文化。路边小吃摊卖的食品，价位基本都是统一的，既可以站在车旁边吃，也可以要求打包带回家吃。因为价格合理、种类齐全且量多，所以深受韩国人的喜爱。因此，如果到了韩国，实在找不到吃饭的地方但又很饿的时候，不妨在路边摊上吃一点。

小贴士:辣炒年糕

辣炒年糕可以说是韩国的“国民级”小吃,也是外国游客在韩国最容易接触到的小吃。走在韩国的街上随处可见男男女女、老老少少们在小贩前吃着红彤彤的炒年糕。虽然每家店铺提供的辣炒年糕看上去都差不多,但味道却是千差万别。

韩国小吃

韩国人喝酒有些什么讲究

韩国人善饮,喜欢喝酒,并且酒量不错。在韩国,喝醉酒不是什么丢脸的事情,因为醉酒在韩国人生活里时有发生。韩国人喝酒有许多讲究:不能自斟自饮,他们认为自斟自饮,有害健康;年轻人和长辈在一起喝酒,首先要敬长辈,长辈喝后,自己才能喝,且必须侧过脸去喝,以表示对长辈的尊敬;在为别人斟酒时,一定要用右手拿瓶。因为在韩国人看来,用左手斟酒意思就是看不起对方,就像主人向下人赐酒一样,是不礼貌的。而接受者也应双手捧杯,以示谢意。韩国人喝酒不喜欢续酒,而是喜欢喝净一杯再倒一杯。

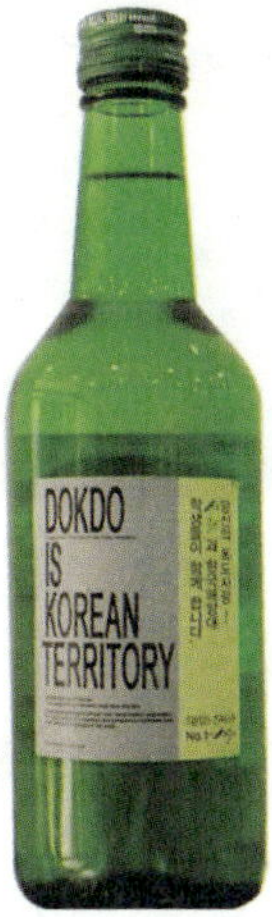

韩国烧酒

小贴士:烧酒

韩国烧酒是一种酒精饮料,属清酒类。其烧制的主要原料是大米,通常还配以小麦、大麦或者甘薯等。韩国烧酒颜色透明,酒精度数一般在18°~22°。由于烧酒相对于其他酒类价格较低廉,所以,深受韩国普通民众的喜爱,也是韩国最普及的一种酒精饮品。

在韩国住宿应注意些什么

韩国的酒店不提供牙具和拖鞋，如需使用，要另行收费。所以，最好自备，也符合个人卫生习惯。韩国酒店内的电压为110伏或220伏，但为圆头插座。房间内没有开水供应，如需开水，可让酒店客房部另送，只需付小费即可。在酒店内打电话，饮用房间冰箱或吧台饮料、酒水，都需到酒店前台自行付款。有的酒店还设有收费电视频道，使用前请了解清楚付费办法，以免退房时发生纠纷。

韩国不提供洗漱用具的酒店洗手间

小贴士：小费及住宿特色

在韩国一般不用给小费，但是在许多高级酒店和餐厅会在账单中加收消费额的10%作为服务费。

在韩国的大部分饭店、旅馆，都会有洋式房和韩式房之分。洋式房和一般房间设施差不多，但在冬天会多铺一床电热毯当床垫；而韩式房又称“火炕房”，整个房间就是暖呼呼的床，睡觉时只需将棉被铺地板上当睡垫即可。

在韩国游玩为什么不能随便拍照

在韩国，有不少地方出于政治或文物保护原因，是不许拍照的。拍照在韩国是受到严格限制的。因此，每到一个景点，一定要听清楚或是看清楚是否允许拍照，且要严格遵守。军事设施、机场、水库、地铁、国立博物馆以及娱乐场所等都是禁拍的对象，在高层建筑上拍照也在被禁之列。

小贴士：求助电话

在韩国任何地区，只要拨打1330旅游热线，就可以得到24小时全天候的中文、英文和日文等导游服务，且只收取通话费，不收服务费。

首尔塔

与韩国人交往要注意哪些礼节

在韩国，男性间见面通常微微鞠躬，热情握双手致礼。异性之间一般不握手，通过鞠躬、点头、微笑、道安表示问候。与韩国人交往前，最好弄清对方的年龄和地位，对长辈一定要表现出恭敬之意，这是韩国民众恪守的传统礼仪。交谈中最好不要谈及国内政治、贸易摩擦及男主人妻子等话题。在称呼上多用敬语和尊称，不要直呼其名。另外，韩国人自尊心很强，交谈中尽量避免公开地表示批评或异议。

韩国握手礼

小贴士：送礼讲究

韩国人收送礼物时，一般会用双手接送，但都不会当面打开。他们认为当面打开是对对方的不尊重。

在韩国人家做客应注意些什么

韩国泡菜

在韩国，如有人邀请你到家里吃饭或赴宴，最好送一束鲜花或者一些小礼物，见面时双手递给主人，感谢主人的盛情接待。进入韩国人家里，须事先脱掉鞋子。交谈时，说话要细语轻言，不可大声说笑，女性发笑时要用手遮掩住嘴。不要当着众人的面擤鼻涕，吸烟要向主人打招呼，否则会被视为不礼貌，不懂礼节。如果吃饭是围坐在一张矮腿桌周围，切记不要用手摸脚，伸双腿，或是叉开双腿，这些也被视为不礼貌的行为。席间如要敬酒，首先要鞠躬给对方，然后要用右手拿酒瓶，左手托瓶底倒酒，且要一连三杯。敬酒时应把自己的酒杯举得低一些，用杯沿去碰对方的杯身，表达谦逊、尊敬之意。喝完后要再次鞠躬才能离开。此外，未经主人允许，最好不要在屋内随意走动。

小贴士：泡菜

韩国泡菜是朝鲜咸菜或者高丽咸菜的别称，也称为韩国咸菜，是用卷心菜、红色辣椒酱和凤尾鱼糊腌制而成。其味辛辣且发酸。韩国人每餐饭都离不了它。泡菜在他们的日常生活中已经远远超越了一道佐餐菜肴，而是升华成了一种特有的传统和文化，成为他们生活中不可或缺的部分。到韩国旅游，如果你可以吃泡菜的话，将很快赢得当地人的尊重。

韩国人有什么数字禁忌

韩国人忌讳数字“4”。因为“4”的发音与“死”字完全相同，他们认为是不吉利的数字。所以，韩国楼房没有四号楼；四楼也不称第四层；宴会中没有第四桌；喝酒也绝不能只喝四杯；吊唁或结婚送份子钱，金额也以1万、3万等奇数单位来送。

小贴士：语言

韩国主要共通语言为韩语，韩国华侨亦通国语。韩国人英文水平一般，因而，英文只适用于豪华观光酒店及大百货公司。

在韩国旅游，政治上需注意哪些事项

民族主义：韩国人是一个骄傲的民族，这种骄傲有时会变成狂热的民族主义。在观看足球、篮球等体育赛事时，你会看到成千上万的球迷为自己支持的球队一起齐声欢呼。另外，提到“日本”这个词时，他们的民族主义会变得更加狂热。日本在历史上曾数次侵略韩国，并在20世纪初将其变成自己的殖民地，迫使大量的韩国女性成为慰安妇。

韩国国旗

“日本海”的称呼：当着韩国人面，不能讲所谓的“日本海”。因为，对他们而言，韩国和日本之间的这一水域只能称为“东海”。

“独岛”的归属：韩国人认为独岛是属于韩国的；而独岛在日本被称为“竹岛”。

韩国国花——木槿花

小贴士：国旗、国花

韩国的国旗又称太极旗，以白色为底，中间是红色和蓝色的阴阳符号，辅以八卦中的四卦。长宽比例为2:3。中央的太极象征宇宙，蓝色为阴，红色为阳，以示宇宙的和谐、统一。4个角落的乾、坤、坎、离卦，则代表天地水火、父母男女之意，象征民族的融合与国家的发展。

韩国的国花是木槿花。因其花开时节，花苞会连续不断地开放，春光灿烂，又被称为“无穷花”、“无极花”。又因其坚韧无比、生命力极强，象征着大韩民族坚强的民族性格。

蒙 古

蒙古人相互见面，为何不先问身体如何

蒙古人以热情、开朗、直爽、真诚闻名于世。他们与亲朋好友打招呼的方式极为特殊。相互见面，一般不先问对方身体如何，而是习惯先问对方的牲畜是否平安？这是蒙古国人的一种传统习俗。其主要原因是蒙古民族整日以牲畜为伴，牲畜在他们的心目中占有极重要的地位，离开它们，蒙古人就没有了自己的经济支柱。所以，蒙古人相互见面，一般都不先问对方身体怎样，而是先要问牲畜是否平安。

蒙古草原风光

小贴士：待客习惯

蒙古人与客人见面时，喜欢拿出自己收藏的鼻烟壶让客人嗅闻。遇到此种情况，客人应该诚心实意地嗅闻，然后把壶盖儿盖好还给主人。

蒙古人为何不穿黑色的衣服

崇尚蓝色服装的蒙古人

蒙古国人对不同色彩寄予不同的愿望和感情：他们崇尚蓝色，认为其象征永恒、坚贞和忠诚；珍视黄色，认为其寓意荣华和富贵；偏爱红色，认为其代表幸福、胜利和亲热；喜爱白色，认为其意为洁净、质朴和公正。但蒙古人最厌恶黑色，把黑色视为不祥的色彩。所以，蒙古人不穿黑色的衣服。

蒙古人在饮食方面有哪些注意事项

蒙古牧民喜欢自制马奶酒，当主人用其招待客人时，客人必须一饮而尽，忌一口一口地慢慢品尝。遇有贵宾，以全羊招待，一般应由主人先切肉或先吃，忌贵宾先吃。他们不喝汤，不用筷子，以左手拿肉，右手用刀切着吃。餐桌上须放盐。他们不吃虾、鱼、蟹、海味，不爱吃糖和带辣味的调味品；不爱吃带汁的、油炸的菜肴，不太爱吃米、面食品和青菜。其伊斯兰教徒禁食猪肉，忌讳使用猪制品，也忌讳谈论有关猪的问题。

蒙古马奶酒

蒙古人有哪些日常禁忌

蒙古人忌讳别人用手指或烟袋点其头部，忌摸头；忌讳生人依坐在其蒙古包上。

他们崇拜火，忌在蒙古包往火里扔脏东西，忌在火炉上烤脚，更不许在火炉旁烤湿靴子和鞋子，忌从火上跨越，忌在炉灶上磕烟袋、摔东西、扔脏物，忌用刀子挑火、将刀子插入火中，或用刀子从锅中取肉。

到牧民家做客，忌蹬门槛；忌在河流中洗脏衣服、洗澡或向河流中扔脏物，更不能倒垃圾、大小便。

忌别人打狗，忌产妇住处外人进入探访；忌送帽子作礼物，因为帽口朝下，送人会损坏别人运气；穿蒙古袍时，忌捋袖子；忌用左手接递物品。

禁止在寺庙周围打猎，禁止在寺内杀牲畜，不能在经堂内吸烟、吐痰。

小贴士：哈达

献哈达是蒙古民族最正统的礼节。不过，与中国一些民族献白色哈达不同，蒙古国人敬献的哈达是由丝绸制成的天蓝色。他们在献哈达的同时，还要向客人献上一碗鲜奶，以表达其深深的敬意。

献蓝色哈达的蒙古姑娘

朝　鲜

在朝鲜出入境有哪些规定

朝鲜风光

入朝鲜禁止携带手机、电脑、长焦照相机、摄像机、收音机，否则会被没收；禁止携带韩国物品入境。忌以伪造身份入境，否则将至少被罚款2000元以上人民币；忌携带报纸杂志，尤其禁带有韩国文字的书刊、衣物；忌带朝鲜币出境。

在朝鲜拍照有哪些规定

在朝鲜，禁拍军人、着装寒酸的农民、街上的市民、商场、火车照；忌拍领袖半身像；若参观伟大领袖像，则必须严肃，先献花、鞠躬后才能拍领袖全身像；忌在旅游车上偷拍窗外景物；忌模仿领袖姿态照相。

小贴士：颜色喜好

朝鲜族崇尚白色，素有“白衣民族”之称。

在朝鲜交谈有哪些禁忌

在朝鲜交谈，不能直呼金日成、金正日、金正恩的名字，必须在前面加上“伟大领袖”或“敬爱的将军”；不能提“韩国”两个字，只能说“南朝鲜”，在朝鲜的地图上，整个朝鲜半岛是一个国家，首都就是平壤；不能称人民服务员为“小姐”，有侮辱之嫌；忌嘲笑朝鲜人发自内心爱戴领袖的感情；忌私下谈论伟大领袖。

朝鲜金日成像

朝鲜还有哪些禁忌

朝鲜族忌讳人称“鲜族”；晚辈不能在长辈面前喝酒、吸烟；吸烟时，年轻人不得向老人借火，更不能接火；与长者同行，年轻者必须走在长者后面，若必须超越，须向长者说明理由；途中遇有长者迎面走来，年轻人应站立路旁问安并让路；晚辈对长辈说话必须用敬语；吃饭要先给老人盛，待老人就餐，全家才开始吃饭。婚丧、佳节期间不杀狗、不食狗肉。

在朝鲜游览过程中，即使没有厕所，也不许去草丛和树林中尿尿，因为随时会被当做脱队逃跑处理；不能随便向朝鲜儿童扔东西；忌购买像章；忌向车窗外丢垃圾；晚上不得擅自离开酒店；不得私自探亲会友；不得到当地人的商店去，只能在规定的游客商店购物；不得与当地姑娘、小伙结婚。

朝鲜国旗

小贴士：国旗

朝鲜国旗有一红色五角星。红色宽条寓意崇高的爱国主义、顽强斗争的精神，蓝窄条代表团结、和平，红五角星象征革命传统。白条代表单一的朝鲜民族。

越南

越南人有哪些言语禁忌、饮食禁忌、婚丧禁忌

言语禁忌。年初、月初忌说猴、死等坏运气的词，忌发脾气，忌说粗话；忌讳钓鱼时说猫；忌讳写文章时听到悲惨的声音；忌讳称赞小孩胖；忌讳孩子说祖父母、父母的名字。

越南下龙湾渔船

饮食禁忌。小孩上学忌吃饭锅巴，怕变得愚笨，忌吃鸡爪，怕写字时手发抖；商人、出门的人及打牌人忌讳吃烧焦了的饭，怕带来厄运；学生考试忌讳吃虾，因虾形同"劣"字第一个字母大写"L"很像；忌喝酒时把酒杯扣过来，或把酒瓶倒过来；打牌忌讳吃鸭头，怕输，忌讳吃甘蔗，怕早散；在庙里忌讳吃狗肉。

婚丧禁忌。忌牛月嫁娶，怕夫妇俩像牛郎织女一样分离；忌婆婆怀孕时娶儿媳妇；忌一年之中连嫁两个女儿；忌讳父母亲自送女儿到婆家；家有丧事时，忌讳红颜色；忌守孝人吃槟榔，参加喜庆活动，穿丝绸衣服；忌穿死者生前用过的衣服，忌睡死者生前睡过的床；忌外村抬死人经过本村的地界，尤其是经过本村祠堂前。

越南人还有哪些日常禁忌

越南人忌讳碰触头部，认为头部是神圣的部位，是不可侵犯的；忌讳用脚指物或用脚掌指向别人，认为这是侮辱人的举动；忌讳在祭祀活动中穿白色服装，因为白色与丧事相关；忌讳三人合影，认为中间人会遭厄运；不能用一根火柴或打火机连续给三个人点烟；忌讳在屋内戴斗笠，认为这样不吉利；夫妇俩忌讳用一条洗脸毛巾，忌互递牙签；忌讳除自己丈夫或妻子以外的人用自己的梳子；忌

田间劳作的越南妇女

讳反铺床上的席子；忌讳背对供桌而坐；忌讳年初打扫屋子，据说这样会一年办事不顺利。

京族人忌别人用手拍背或用手指着人呼喊。客人到他们家时，不可从坐卧的人身上跨过去，不能睡在妇女的房门口及往来频繁的过道上，不准进入主人的内房。在少数民族家中，忌到姑娘住的房间里。

小贴士：少数民族知识

在北方京族家里，由最老一辈的男人做主，而南方的京族家里则由最老一辈的女人当家。

少数民族一般都很好客。有客人来时，他们常用自己最喜爱的酒和生冷酸辣等食物待客。客人即使不合胃口，也要尽量吃些，以免被误认为看不起主人。

老挝

老挝人行双手合十礼有什么讲究

老挝人温和、善良，非常注重礼节，人与人见面习惯行合十礼，表示敬意和问候。一般情况下，辈分低者应向辈分高者主动行礼；女子应主动向男子行礼；主人应主动向客人行礼。同时，受礼者应还礼。但在老挝，向僧侣行合十礼时，他们可以不还礼，可以用点头致意。

越南琅勃拉邦宫博物馆

今天的老挝，人们见面行礼的方式已不再单一，也流行握手礼，尤其是同游客交往时多行握手礼。

老挝人有怎样的饮食禁忌

老挝人不食素，但忌食“十肉”，即不吃人肉、象肉、虎肉、豹肉、狮肉、马肉、狗肉、蛇肉、猫肉、龟肉等。在进餐时惯用右手抓食，用左手直接接触食物被视为严重的失礼。

小贴士：筷子使用及用水特色

老挝人使用筷子非常特别，用同一双筷子的一头夹饭，另一头夹菜。

老龙族对村旁河水的使用有严格的区分：上段河水用来饮用，不能洗澡或洗衣物；中段给男人洗澡；下段给妇女洗澡。取水时，如有公共用具如竹筒等，就不能使用自己的器具。

老挝小吃——烤鸡翅

老挝人有哪些日常行为禁忌

老挝妇女

老挝人在日常生活中忌讳的行为较多。如果在老挝旅游，我们应当尽量避免触犯他们的禁忌。老挝人忌讳触摸他人头部，认为头部是神圣不可侵犯的；忌讳用脚指人或物，认为脚是下贱的部位，用脚是对别人的侮辱；忌讳用手触摸佛像，更不能用身体的下部去碰触佛像，认为这是对佛像的亵渎；忌讳从坐卧着的人前面跨过，认为那是很没礼貌的行为；忌讳用左手递物或吃饭，认为左手是处理不洁之物的，是肮脏的；忌讳在公共场合有过于亲密的举动，且不可当众发脾气，认为这样的人品行有问题；忌讳在僧侣面前两腿交叉坐，认为这样是对佛的不敬；视白色为不吉利的色彩，家里不挂白色蚊帐，忌盖白色被子。

小贴士：少数民族禁忌

按照泰族习俗，外来女性或本家的孕、产妇，或生鱼、生肉等忌讳物，都必须通过“栅”(住房尾端阳台状的延伸部分)进入住房。佧族人多信奉鬼神，当全寨人祭鬼时，外人不得进村；生病时，忌讳见到生人或外人；生人不能从后门出入；睡觉时不能横躺在门口；进入村寨不得大声喧嚷，不得吹口哨或喇叭等乐器。

苗族不喜欢别人称他们为“苗子”，喜欢自称“蒙”。婴儿满月前或遇到丧事、祭祀等，忌外人进入屋内；忌睡觉时头朝大门；室内的神坛忌随便移动。

瑶族规定在春节期间祭虎3天，不得出门，外人也禁止进入寨内；严禁吃狗肉；忌讳挂白蚊帐等。

柬埔寨

柬埔寨的“七彩星期”知多少

在柬埔寨流传着一种古老而有趣的风俗，用服饰的色彩来表示日期，有“七彩星期”之说。即星期一穿嫩黄色，星期二穿紫色，星期三穿绿色，星期四穿灰色或浅蓝色，星期五穿青色，星期六穿黑色，星期天穿红色。用色彩勾勒一个星期的七天，可谓是独一无二的。如果旅行在柬埔寨，看着人们的穿着，你就可以轻易获知当天是星期几，多么富有情趣的习俗。

穿各色服装的柬埔寨舞者

小贴士：衣着

柬埔寨人衣着较朴素，很多人光脚或穿拖鞋，在社交及正式场合则较为讲究。民族传统服装主要有纱笼、筒裙、凤尾裙、水布等。

柬埔寨人见面如何施礼

柬埔寨金边皇宫

柬埔寨人见面和分别时都会行合十礼，即鞠躬弯腰，将双手十指相对合在一起，指尖朝上放置于胸前行礼。但行礼时根据对方身份、地位的不同，指尖放置的位置也会有所不同。如向同辈或同等地位的人行礼时，指尖会举到胸前；向长辈行礼，指尖要举到鼻尖；向王室或高僧行礼，指尖要举到额头，同时须微蹲。

小贴士：一般礼仪

拜访柬埔寨朋友，要事先约定并按时赴约，要衣着清洁、整齐。一般可称男主人为先生，称女主人为夫人，对其他女性可称女士、小姐。如果主人是部长以上的官员，则应称为“部长阁下”、“大使阁下”等。宗教称谓也很有讲究，富有高学位的贤士被称为“班洁”(柬埔寨语博士的译音)；全国最高僧侣首领被人们称为“僧王”，省级僧侣首领被称为“梅绲”、县级的被称为“梅丝娄克”或“阿努绲”……

柬埔寨人有哪些日常禁忌

柬埔寨人十分虔诚地信奉佛教，不仅僧侣神圣不可侵犯，而且在日常生活有着诸多禁忌，也不容违反。柬埔寨人忌讳别人对他们的宗教信仰、习俗说三道四，否则会被认为犯了大忌；如在旅途中去当地人家做客，忌讳穿鞋进屋，认为穿鞋会带入不洁之物；忌讳用左手递物品或进食，认为左手不洁，接递物品时要用右手或双手；忌讳触摸头部，认为人的头是神圣不可侵犯的部位，不容触摸；到寺庙和僧侣住所时，要记得脱鞋，然后才可入内。否则，会被认为是对佛的不敬，犯了罪孽。忌讳在“星期一”卖出东西，也忌讳别人借钱，但在这天买回东西则被认为是吉利的。忌讳“星期六”，认为这天是鬼魂妖魔出没的日子，是不吉利之日，当天做事要谨慎。需要特别提醒的是，柬埔寨人还认为孔雀是一种不祥之鸟，不愿见到孔雀及其图案。

小贴士：其他禁忌

佛教徒忌荤，穆斯林忌提到猪，天主教忌讳“13”，尤其是“十三日星期五”这个日子。忌讳跷着二郎腿说话。忌谈疾病、死亡等不愉快的内容；忌打听对方的工资收入、家庭财产等私人生活方面的事情；忌谈内政及宗教问题。忌询问女主人的年龄……

柬埔寨和尚

缅　甸

缅甸男性一生必须当一次和尚吗

年轻和尚在仰光大金塔前祈祷

在缅甸，男性一生至少要出家一次，出家年龄、时间和次数没有限制。但出家的理由有时可以说是千奇百怪，如穷人为了有地方吃饭；富人为了延年益寿；体弱者为了增强体质；背运者为了转运；离婚者为了调整心情，等等。总之，不管什么样的理由，都充分印证了缅甸人对自己信仰的虔诚与尊重。

在缅甸，为什么女性不能登佛塔塔基

正在祈祷的缅甸老妇女

缅甸女性喜欢穿一种缅语称为“特敏”的筒裙。缅甸人视女性的筒裙为不洁，严禁女性晾晒筒裙时挂在超过人头的高度。因此，缅甸男人十分忌讳从晾晒的女性筒裙底下钻过，认为这样会倒霉一辈子。由此，缅甸也禁止女性登上佛塔的塔基，只能跪在塔下瞻拜许愿。

小贴士：送物禁忌

缅甸人崇拜佛教，好助人为乐，乐善好施，但给他人送物品时，有一定的禁忌。一般来说，送物必须在星期一到星期六期间进行，星期天忌送他人物品，尤其禁止把衣服、沙笼等送给别人。

在缅甸为什么不能穿鞋进入寺庙

缅甸是一个虔诚的佛教国度，绝大多数人笃信佛教。佛塔和佛寺在缅甸比比皆是，四处可见。缅甸人一有闲暇，便去拜佛听经，朝拜佛塔，祈求平安。但无论是进佛寺，还是见法师，或是进入塔院，均有一条严格的禁忌，那就是必须脱鞋，连袜子也不能穿。因为缅甸人认为鞋是最肮脏、最龌龊的物品，而佛塔和佛寺是最神圣的地方，僧侣则是佛祖的代表，绝不能穿最肮脏的鞋去拜佛、拜塔和见僧。缅甸人还经常把那些最

缅甸仰光的大金塔

卑鄙、最下贱之人比作是“挨鞋打之物”。因此，在缅甸参观佛寺或佛塔等与佛教相关的场所时，切记要脱鞋。否则，会极大地伤害缅甸人的感情。

小贴士：仰光大金塔

大金塔位于缅甸首都仰光市北茵雅湖畔的圣丁固达拉山上，是仰光的最高点。缅甸人将其称作“瑞大光塔”。塔始建于公元前585年，已有2500多年的历史，比缅甸作为国家的历史还要悠久。大金塔通体贴金，加上4座中塔、64座小塔，共用黄金7吨多。在塔顶的金伞上，还挂有1065个金铃、420个银铃，上端以纯金箔贴面，顶端镶有5448颗钻石和2000颗宝石。

缅甸有哪些日常禁忌

忌讳别人碰触头部。缅甸人认为人的头部是神圣的地方，一般不喜欢别人摸自己的头。所以，不管你与缅甸朋友多么亲密，也不要去随意摸他的头 。不然，他会认为你在侮辱他，引发不快。此外，在缅甸，女性不能枕着男人的胳膊睡，否则男人就会失去“神力”，整日委靡不振。

小贴士：左右习俗

缅甸人有“右为贵，左为贱”，“右为大，左为小”的观念。因此，缅甸人有“男右女左”的习俗。

忌吃牛肉。缅甸主要靠牛耕作。无论刮风下雨、酷暑严寒，牛总是和农民们相依为命。他们视牛为“忠诚的朋友”、“最大的恩人”。所以他们忌吃牛肉，认为这是一种“忘恩负义”的背叛行为。

一周禁忌。星期一，禁忌送牛给他人或向他人借牛使用；星期二，禁忌把木头、竹子等送给别人，禁忌在星期二做事，认为在星期二做事情必须做两次才能成功。星期三，禁忌赠稻谷给他人；星期四，禁忌向他人索借金银制品。星期五，禁忌乘船渡河。此外，缅甸人还禁忌在星期二、五、六借钱给别人。

其他禁忌。忌母鸡在布上下蛋，以免破财；忌旅途遇蛇，应返回并推迟行期；以乌鸦为神鸟，禁止捕捉和伤害；忌在“安居期”（缅历4月15日~7月15日）结婚、宴请、迁居、娱乐，僧人亦不得外出。忌睡高床。

缅甸正走在田间路上的牛

缅甸人有怎样的数字与色彩禁忌

缅甸人忌讳“9”、“13”和尾数是零的数字，所以，忌讳“9”人同行，认为“9”人同行必有灾祸，若是9人同行则需带一块石头，以破9的数位。受西方文化的影响，缅甸人认为“13”这一数字不吉利，因此忌讳买有编号“13”的房子和车子。另外，缅甸人忌讳蓝色、灰色、黑色，认为这些是不吉利的色彩，会带来灾难。所以，出席缅甸人的婚礼，不能穿蓝色、灰色和黑色的衣服，否则会引起众怒。

缅甸国旗

小贴士：国旗

缅甸国旗由黄绿红三色加一颗白色五角星组成，比例有2:3、5:9、6:11三种。其外观为黄绿红三条线，中间有一颗白色巨大五角星。绿色象征和平、安宁、草木茂盛、青葱翠绿的环境；黄色象征团结；红色象征勇敢和决心；白色五角星象征联邦永恒不坠。

泰　国

在泰国用餐需要注意些什么

泰国人吃饭一般用盘子，习惯了用碗吃饭的人可能会感到有些不方便。不过只要懂得正确的进餐方式，使用起来也就没什么困难的了。吃泰国菜正确的方式是：就座后先盛适量的米饭在盘中，然后再以汤匙将菜肴与饭拌匀了食用。由于泰国菜的种类较多，所以，一次不要盛太多的菜，以免各种菜肴混在一块，失去单个菜肴独有的味道。另外，泰国人忌讳端起盘子吃饭。所以，在用餐时不要为了图方便将盘子端起来食用，这样既不雅观也有失礼貌。

泰国美食

小贴士：泰国菜的特点

泰国菜讲究酸、辣、咸、甜、苦五味的互相平衡，通常以咸、酸、辣为主，且带着一点甜，而苦味则隐约在背后。泰国菜有四大菜系，分别为泰北菜、泰东北菜、泰中菜与泰南菜，反映泰国四方不同的地理和文化，而各地菜肴所使用的材料往往跟邻近国家的一样。

在泰国为什么甜品和酒不能同时享用

泰式餐馆的饭后甜品式样很多，如鱼饼、酸辣凤爪、黑糯米和各式糕点等，且样样风味极佳。这其中尤以榴莲或杧果糯米饭最为出名。不过，吃这道甜点时，可要小心，千万不可与酒同享。据当地人讲，酒与榴莲或杧果糯米饭相遇时，会在人体内产生大量的热量，令体温急速上升，从而导致身体的不适。所以，当你在泰国吃甜品时，一定要谨记这道甜品不能与酒同时享用。

泰国榴莲

小贴士：饮食安全

泰国气候炎热，病菌易繁殖。在路边的小食摊或曼谷以外的地方吃海鲜或生蔬菜时要注意清洁卫生。另外，泰国的自来水不宜直接饮用，如需饮水，最好购买瓶装水饮用。

在泰国女性路遇僧侣需要注意什么

入乡随俗，女性朋友在泰国旅行中如路遇僧侣，以下几点一定要谨记，不可违反。首先，不许与僧侣握手。其次，在公车上不许与僧侣邻座。第三，如果遇到僧侣主动打招呼，应保持一些距离还礼，以示礼貌。第四，若想将东西奉给僧侣，最好托男士转交。如果非要亲手赠送，那么僧侣一般会张开黄袍或手巾来承接，递送过程中也应注意不要碰触到僧侣。

小贴士：宗教

佛教为泰国国教，全国95%的居民信奉佛教。因此，泰国享有“黄袍佛国”和“千佛之国”的美誉。世界佛教联谊会的总部就设在泰国。

泰国和尚

参观泰国寺庙要注意哪些事项

曼谷四面佛

在泰国参拜寺庙时，衣着须整齐，不可暴露上身或穿短裤。

进入佛堂应脱鞋，否则，会被视为玷污佛堂。

在泰国，所有的佛像不论大小、完好或残破，都被奉为神圣之物，不可对佛像做出“有欠尊重”的行为，如绝不可爬上佛像照相。如果对寺庙、佛像、僧侣做出轻率的举动，会被视为此人罪恶滔天。

购买佛饰时，不能说“买”，只能说“求租”，否则会亵渎神明，招致灾祸。

遇见化缘的和尚，不能送现金，因为这会破坏僧侣的戒律。

小贴士:四面佛坛

位于泰国曼谷的四面佛坛是泰国香火最鼎盛的膜拜地点之一,在曼谷市中心爱侣湾的 Ratchadamri 路和 Phloen Chit 路交界,是曼谷著名的旅游观光胜地。每日,来自世界各地的信众络绎不绝地前往参拜或祈求。

在泰国需要注意的公共禁忌有哪些

电影中,男女主人公牵手的场景浪漫温馨。可在现实中的泰国,这样的情形是绝对不会上演的。因为,在泰国公开表示爱的行为是难以被人接受的。

在泰国,最好也不要在公共场合发脾气。泰国人认为,发脾气是一种卑劣的行为。

凡接到邀请,一般不要拒绝,否则对方会认为你看不起他。

到别人家做客时,千万不要踩着门槛。泰国人认为门槛下住着神灵,万不可冒犯。

泰国人不喜欢茉莉花,因为在泰语中它与伤心发音相似;而泰国国花是睡莲。

在泰国,每年 12 月的月圆时要举行水灯节。在观看水灯时,无论其有多么漂亮,决不能捡起,否则会受到严厉的惩罚。

与别人谈话时不要戴墨镜,不要用手指着对方说话。从别人面前走过时(不管对方是坐着或站着),不要昂首挺胸、大摇大摆,必须弓着身子,以示歉意。

泰国人民对王室很尊敬,游客也应入乡随俗,在电影院内播放国歌或国王的肖像时,也应起立。凡遇重要集会、宴会,一般要先演奏或播放赞颂国王的"颂圣歌",此时不要走动和说话,否则会被视为对国王不敬。

在人经常走过的地方禁止悬挂衣物,尤其是裤衩和袜子之类。

泰国国花——睡莲

小贴士:注意敏感问题

和泰国人交往,要避免谈论一些敏感问题。如毒品走私、地区政治,以及对泰国国王和王后的任何消极评论。

收送泰国人礼物有些什么讲究

给泰国人送礼物，选择包装精美的食物或糖果是很受欢迎的。在递送礼物时，一定要用右手，因为泰国人忌讳用左手，认为左手是用来处理不洁之物的。如果泰国人送你一件礼物，在接受礼物前应先行合十礼表示感谢。之后，除非对方非要你当面打开，否则不要打开，不然会显得很失礼。

小贴士：必买特产

泰国特产物美价廉。来此旅游，可购买泰国咖喱、香米、榴莲糖、鱼露、泰丝雕艺术品、泰式陶器、柚木雕塑、银器、蜡制工艺品、绘画、珠宝、丝绸等馈赠亲友。

推荐购物地：班库那康、优尼克廊、芭提雅珠宝中心、水门市场、乍都乍周末市场。

泰国香米

在泰国为什么不能碰触别人的头部

泰国人认为头是身体最高的部分，是神圣而不可侵犯的。在泰国，理发师在理发前，总要先说声“对不起”之类的话，才能开始理发。如果你无意中碰触到别人的头，应立即诚恳道歉，请求对方原谅。另外，泰国人也忌讳外人抚摸小孩的头部。他们认为小孩子的头除了国王、僧侣和自己的父母可以抚摸外，其他人是不能碰触的，否则会给小孩子带来厄运。还有，当向别人传递东西时，也不能越过他人头顶。

泰国普吉岛风光

泰国人对左手和脚掌有怎样的禁忌

泰国人认为左手不洁，是用来处理不洁之物的。因此，在给别人递送物品时，一定要用右手，用左手会被认为有鄙视他人之意。脚部在泰国被认为是卑贱的，只能用来走路。因此，坐着时，不能把跷起的脚或脚底对着同坐的人，否则会被视为非常无礼。此外，妇女落座时，要求更为严格，双腿、双脚必须并拢，否则会被认为是不文明的、缺乏教养的。

泰国人的见面礼仪有些什么讲究

泰国人大部分都信奉佛教。因此，在泰国，人和人见面和分手时都行合十礼，即站好稍稍弯腰，双手十指合拢置于前额部位，同时问候对方“您好”。由于施礼对象不同，施礼时双手所举的位置高度也不同。一般而言，双手放置的位置越高，表示向对方表达的尊敬程度越深。还礼时，也要行合十礼，地位高、年纪大的人还礼时手不能高过胸部。但是泰国人一般不会对儿童、用人、小贩、服务员、劳工等行礼。

面带微笑的泰国人

小贴士：微笑国度

泰国民族热情、好客，与人相处时，总是面带笑容，故泰国有“微笑国度”之美誉。假如你不慎冒犯了别人或冒犯了禁忌，要立即双手合十，面带微笑，说声“对不起”，表示歉意。

泰国人签名为什么不用红笔

在泰国，人死后会用红笔将名字签在棺材上。所以，泰国人日常签名不用红笔，因为不吉利。

在泰国给小费有哪些注意事项

泰国纸币

在泰国，给小费虽不普遍，但有些地方也开始慢慢时兴了起来。餐饮方面：如在酒店和高档餐厅消费，通常会在账单上加收10%～15%的服务费，这样也就不用再给服务员小费了；在中档餐厅消费，一般将找回的零钱留在桌上或放到盘子里算作小费；在小餐馆或街头小摊消费是不用给小费的。交通方面：在泰国，绝大多数三轮摩托车的收费是讨价还价的，所以不需另付小费；乘坐出租车一般不用给小费，当然如要给，司机也不会拒绝。总之，在泰国，分清场合给小费，既可以节省钱，又不会失礼。

菲律宾

菲律宾海边风光

在菲律宾旅游，穿衣须注意哪些事项

菲律宾属热带气候，除夏季服装外，去山区游玩还应准备较厚的衣服。如果出席比较正式的场合宜穿西装，或穿上菲律宾的传统民族服装。另外，菲律宾是信奉基督教的国家，对基督教徒而言教堂是神圣的场所。因此，在参观教堂时，最好穿保守端庄的服饰，且不可大声喧哗。

小贴士:气候

菲律宾3～5月气候炎热干燥，平均气温在摄氏22℃～32℃;6～10月是雨季;11月至翌年2月期间凉爽,气温在摄氏22℃～28℃。菲律宾平均湿度为77%。

你听说过菲律宾的“菠萝服”吗

菲律宾菠萝

菲律宾有一种服装叫“菠萝服”,这是菲律宾人用菠萝叶制成的衣服。每年11月至翌年4月,菠萝叶喜获丰收,菲律宾人就用它制成一种透气性好、不缩水又便于洗涤的布料,然后加工制作成衬衫、短衫或外衣以及台布、窗帘和餐巾等。当然，不是所有的菠萝叶都能制作“菠萝服”,只有在指定种植场栽培出的特殊品种才能制作。菲律宾人在喜庆的日子里都爱穿“菠萝服”。

小贴士:民族服饰

菲律宾男性的国服叫“巴隆他加禄”衬衣,是一种丝质紧身衬衣,长袖,长可及臀,袖口如同西服上装。前领口直到下襟两侧，都有抽丝镂空图案,花纹各异,颇为大方。菲律宾女子的国服叫“特尔诺”。这是一种圆领短袖连衣裙。由于两袖挺直,两边高出肩稍许,宛如蝴蝶展翅,所以也叫“蝴蝶服”。

菲律宾人有怎样的饮食习惯

由于受地理条件等因素的影响,菲律宾人的主食主要为大米、玉米,副食主要有肉类、海鲜、蔬菜等。人们爱吃的菜品一般偏于清淡、味鲜。菲律宾人早餐多为西餐,午、晚餐大多为中餐,但中上层人士爱吃西餐,就餐时,一般喜欢用香辣调味品,但不会太辣。饮料爱喝咖啡、酸牛奶、啤酒、果汁等。菲律宾的伊斯兰教徒不吃猪肉,不喝烈性酒。在菲律宾,许多地方的人习惯用手抓饭进食,但食前一定会把手洗干净。咀嚼槟榔的习惯在菲律宾穆斯林人中非常流行。

菲律宾美食——牡蛎

小贴士：美食

菲律宾人的口味众多，主要以海鲜为主。烤乳猪是代表性的年节食物，被当地人称为“勒琼”；而“阿多波”(Adobo)则是一道以鸡肉、猪肉腌渍熟煮的家常名菜；鲜鱼、蔬菜加上特有酸醋烹调而成的“派克苏皮纳加特”，以及由鱼或虾为主材料捣碎后烹调而成的“克尼拉尔”，颇具风味；类似炭烤的“伊尼哈”及以螃蟹为原料的“雷利埃诺”也较为美味；另外，这里的水果相当丰富，单是香蕉的种类、吃法就很多……

去菲律宾旅游住宿需要注意什么

菲律宾纸币

菲律宾酒店房间内的酒、水、饮料价格昂贵，如需饮用，请先查看价格表（部分酒店房间设有收费电视频道，亦需额外付费），以免结账时产生纠纷。房间内一般没有开水服务，酒店自来水也不可直接饮用。所以，最好购买瓶装水饮用，也干净、卫生一些。不过，有些酒店提供电热水壶供客人使用，但使用时一定要注意用电安全。

小贴士：小费

菲律宾的服务业相当发达，给小费在菲律宾已蔚然成风。菲律宾人认为给小费是对服务人员工作满意度的肯定和认可，也是受服务者素质的集中体现。通常给 20 比索左右，约合人民币 3 元(具体以实际汇率为准)。

菲律宾人有什么样的社交礼仪

菲律宾人天性和蔼可亲，善于交际，作风大方。菲律宾人在社交场合，无论男女都习惯行握手礼。相反，日常生活中熟人或亲朋好友间的见面礼节，会随意许多，有的男女间相逢，还常以拍肩示礼。但，菲律宾人在与长辈相见面时，礼节方面的讲究就要多一些了。例如：男性与长辈相见时，要吻长辈的手背为礼；女性与长辈相见时，则要吻长辈的两颊为礼。此外，菲律宾的伊斯兰教徒见面时，要施双手握手礼。菲律宾的一些原始部落的人与客人相见时，还要在握过手后转身后走几步，原来这是向对方表明身后没有藏刀，他们认为这样才是真正、真诚的握手。最后，需要注意的是，与菲律宾人相处过程中，即使很熟的朋友也不要随便问及他们的财产、生意等隐私问题。对女士们既不能不理，也不能过于随便，最好不要询问她们的年龄、婚姻状况等问题。在交谈时，要避免涉及菲律宾国内政治纷争、宗教等话题。

菲律宾国花——茉莉花

小贴士：茉莉花

菲律宾人认为茉莉花芳香四溢，会给人以幸福和美好的感觉。人们都尊其为国花，并视为纯洁、清新和友谊的象征。每有贵客登门，好客的菲律宾人总会把茉莉花串成的美丽花环敬献给客人，以表示他们的一片纯真友谊之情。

与菲律宾人交往，为什么不能“面无表情”

与菲律宾人交谈时，切记不可“面无表情”或是“三缄其口”。如果你一直面无表情或一声不发，会被对方认为不怀好意，或是不愿意跟他们打交道，是非常失礼的表现。

去菲律宾人家做客需要注意些什么

在菲律宾，人们忌讳进门时脚踏门槛，认为门槛下住着神灵，不可冒犯。有些菲律宾人家，特别讲究屋内整洁、干净，他们常常习惯于进屋前将鞋脱掉。因此，做客时要注意入乡随俗，脱鞋进屋。另外，就座时，不要在主人未落座前就坐下，这样会被认为没有修养；在主人第一次敬酒或上菜时，也务必要表示谦让，以示礼貌。

小贴士：送礼物禁忌

在菲律宾，收受或者赠送礼物时，不要当众打开，菲律宾人认为当面打开会有种被当众羞辱的感觉。

菲律宾海边传统民居

菲律宾人有什么数字、图案禁忌

菲律宾国旗

菲律宾人忌讳“13”这个数字。认为“13”是“凶神”，是厄运和灾难的象征。所以，日常生活中菲律宾人都极力回避“13”这个数字；忌讳鹤和龟以及这两种动物形态的图案，认为它们的样子很愚蠢。

小贴士：国旗

菲律宾国旗为长方形，长宽的比例为2:1。旗面左侧为白色等边三角形，内嵌一金色太阳，三个角各有一颗黄色五角星。右侧为蓝、红两色的直角梯形。太阳象征自由，蓝色象征和平、真理、正义；红色象征勇气；白色象征和平与纯洁。

新加坡

去新加坡旅游，穿什么最适合

新加坡小印度寺庙雕像

新加坡是一个热带岛国，由1个本岛和60多个小岛组成。属于热带海洋性气候，全年气候湿热，年平均温度在23℃～31℃，雨量充足。所以在旅游观光的时候，应选轻薄、凉爽的衣物，而且最好携带雨具。另外，如果你是来参加商务活动的，那么，男性最好穿白色长袖衣和深色西裤，且须打领带；女性则最好穿套裙或长裙。

小贴士：必享独特体验

在新加坡旅游，可独享以下体验：到莱佛士酒店享用传统英式下午茶；到Long Bar喝一杯新加坡司令；到小印度体验印度彩绘；到熟食中心品尝当地小吃；到武吉知马自然保护区探访热带雨林；到Kopitiam喝新加坡当地咖啡……

新加坡人有什么样的餐厅礼仪讲究

新加坡人在餐厅吃饭时，常用筷子和瓷勺。他们讲究用餐时不能把筷子放在碗或装菜的盘子上，用后，也不能交叉摆放，应放于筷托或碟子上。如与海员、渔夫，或是划船爱好者共席吃饭，不可把盘子里吃了一半的鱼翻转过来，因为那预示翻船，是不吉利的征兆。正确的吃法是把鱼骨移开，从上面吃到下面。

新加坡小吃——炒虾面

小贴士:必尝小吃

新加坡的小吃让人回味悠长,如风味绝佳的肉骨茶、鲜美滑嫩的海南鸡饭、香甜酥脆的咖椰烤面包,以及拉茶、印度煎饼、炒虾面、咖喱鱼头、辣椒螃蟹、马来椰浆饭、窝打、炒粿条、水粿等,均滋味绝妙,令人非尝不可!

在新加坡住宿要注意些什么

新加坡旅游业发达,各种级别的宾馆、酒店齐全,住宿时可以根据自身的经济条件选择相宜的住处。新加坡酒店的大多数服务人员都会讲英语和中文。所以,有任何的需求都可以和他们直接联系。一般酒店的入住办理时间都是在中午 12:00 至下午 4:00。所以,如果因为某种原因无法在这个时间到达时,请在预订酒店的时候提前说明,避免酒店取消房间;退房在中午 12:00 之前办理,如果有事不能及时退房,也要事先和酒店说明,看是否需要办理延迟手续,不然超时要多收一天费用的。此外,新加坡的大多数酒店不提供牙刷、牙膏、拖鞋等用品,需要自己准备。酒店的电压为 220 伏特,与我国相同,所以,带去的电器在这里可以正常使用。

新加坡纸币

小贴士:小费

在新加坡酒店接受服务时,注意一定要给服务生小费,一般为 5~10 新加坡元。如果不给,客房服务生可能会不给打扫房间。

在新加坡乘公交,上下车为什么需要提前打招呼

在公交车站等车,见到你要坐的车到了,你最好提前招手示意停下。否则,如果刚好这站没人下车,而你又没有招手,司机很可能就不会停车。相反,在公共汽车里,如果你快到站时,没有提前按车上的铃提醒司机,又正巧这站没有人上车,司机一般是不会停车的。

新加坡樟宜机场

小贴士：机场、港口及乘出租车注意事项

新加坡樟宜国际机场和新加坡港是世界上最繁忙的机场和海港之一。在新加坡旅游最方便的方法之一是使用易通卡，有了它就能随意搭乘公共汽车或地铁环游新加坡。

在新加坡乘出租车不可以在路边随叫随停，要到出租车招呼站排队才可坐得。如果不想去招呼站久候，可拨打预约专线叫车，大约5分钟即有车到。但须额外加收服务费。

在新加坡，驾车方向为何与中国相反

初到新加坡旅游的中国游客，也许会注意到：这里的驾车方向与国内相反。新加坡曾为英国的殖民地，各种制度及习惯均沿袭英国。除了走路或乘电动手扶梯靠左外，就连驾驶规则也从靠右行驶转为靠左行驶。所以，在新加坡过马路时，要特别小心，先要注意右方来车情况，以免搞错方向，造成险情。

小贴士：搭地铁禁止带榴莲

在新加坡乘地铁旅游时，须搞清乘坐规则，以免挨罚。这里的地铁站一律禁烟，不能吃东西，喝饮料，尤其不能携带榴莲上车。为了旅途愉快，提醒旅游者注意。

在新加坡购物，应该知道些什么

新加坡商场的营业时间是周一到周六 10:00~21:00，星期天关门。在新加坡，大商场的商品价格是固定的，小商场可以讲价。在商场购物时，千万别忘了索要发票，因为，一旦发现商品有质量问题可凭票退换。另外，橱窗上贴有红色鱼尾狮标志的商场为旅游促进局和消协推荐的商店，可以放心购物。

新加坡印度商店的手镯

小贴士：购物退税

在贴有“免税购物”标志的商店购物，消费满300新元即可申请退税。在离境时可向海关出示票据和商品，在机场Global Refund柜台退税。退款方式可选现金、邮寄支票，退入指定信用卡或转换成机场购物礼券等。但，退税须支付一定手续费。

到新加坡人家做客，需要注意些什么

新加坡由于长期受英国的影响，已经西化，人们见面和道别都习惯行握手礼。在相互介绍时，通常称呼“先生”、“太太”、“小姐”，这适用于新加坡所有的民族。到新加坡人家做客，可以带一束鲜花或一盒巧克力作为礼物，这样女主人将会很高兴。新加坡人接待客人时一般是请其吃午饭或晚饭。如去新加坡的印度人或马来人家做客，吃饭时注意不要用左手，左手被认为是专门用来处理不洁之物的。因此，吃饭时，左小臂最好沿桌边贴放，或垂放于桌面以下。交谈中，注意避免谈及政治和宗教问题。因为，新加坡人忌讳谈论这些。可以谈谈旅行见闻，或是当地风味美食、餐馆及主人一方的商业成就等。

新加坡的印度纱丽

小贴士：必买特产

新加坡的特产琳琅满目，游玩景点之余，别忘了带些纪念品回国，赠送亲友。在新加坡值得购买的特产有新加坡司令、印度纱丽、娘惹服装·珠绣鞋、传统肉干、阿拉伯香水、鱼尾狮造型纪念品、娘惹糕、榴莲泡芙……

在新加坡为什么不能随便吸烟

在新加坡，民众很不赞成吸烟。所以，在电梯里、公车上、影院内，特别是政府办公大楼内，均立法规定严禁吸烟，违者罚款。在其他地方吸烟也最好征得周围人的同意。近年来，新加坡政府还规定：在公共餐馆和绝大多数建筑物入口半径为5米的区域内实行禁烟令，吸烟只能在用明黄色油漆清楚划分的区域内进行。首次违反规定的吸烟者将会被处以最高1000新元的罚款。

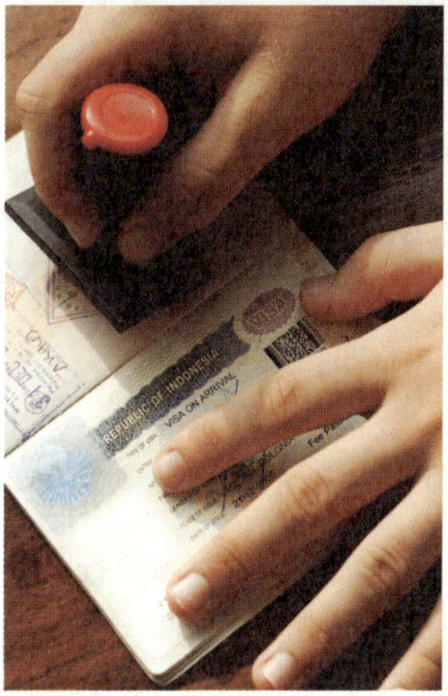

出入新加坡海关时工作人员在护照上盖章

小贴士：新加坡海关携带烟酒的规定

在新加坡，携带入境的酒类与香烟的标签、盒面与包装上不得有“新加坡免税品”(Singapore Duty Not Paid)字样；香烟包装上有E标示也不得携入，任何条装香烟经由空运、陆运或海运方式入境都必须付税，免税香烟只售给出境旅客。

在新加坡为什么不能对人说“恭喜发财”

中国人在庆祝重大节日时，总喜欢说上一句吉祥话相互祝贺：“恭喜发财!”而在新加坡却万万不能说，因为，当地人忌讳说“恭喜发财”。新加坡人认为，“发财”两字含有“横财”之意，而“横财”就是不义之财。所以，如果有人对自己说“恭喜发财”，那就是在侮辱自己的人格。因此，在新加坡旅行，一定不要口无遮拦，以免招人反感。

新加坡节日燃放的烟火

小贴士：宗教

新加坡因为民族较多，所以，信仰较杂。华人大多信仰佛教或道教；马来人基本信仰伊斯兰教；印度人信奉印度教；巴基斯坦人多数信伊斯兰教；西方人一般信基督教。

新加坡男性为什么不留长发

新加坡人对男性留长发极其反感，认为是一种可耻的行为，应受到社会舆论的谴责。在新加坡许多公共场所贴有“长发男子不受欢迎”的告示。另外，新加坡人对蓄胡子的人也非常讨厌。因此，去新加坡旅行，最好将自己的头发和胡子修剪一下，这样可以拉近与当地人的距离。

新加坡人对数字、颜色和图案有什么好恶

数字方面，新加坡人忌讳“4”与“7”这两个数字，这是由于中文“4”的发音与“死”相仿，而“7”则被视为一个消极的数字。相反，喜欢“3”、“6”、“8”、“9”这几个数字。因为，“3”表示“升”，“6”表示“顺”，“8”表示“发”，“9”表示“久”，都是吉祥的数字。

色彩方面，新加坡人忌讳“黑色”，认为“黑色”是倒霉、厄运之色。喜爱“红”色，认为红色是庄严、热烈、刺激、兴奋、勇敢和宽宏的象征，而且还具有激励人们奋发向上的作用。

图案方面，新加坡人禁止在商业中使用宗教词句和象征性标志，反对使用“如来佛”的形态和侧面像。忌讳猪、乌龟的图案，喜欢红双喜、大象、蝙蝠图案。

小贴士：国旗

新加坡国旗由上红下白两个相等的横长方形组成，长与宽的比例为 3∶2。左上角有一弯白色新月和五颗白色五角星图案。红色代表人类的平等，白色象征纯洁、美德；新月象征新建立的国家，五颗星代表国家建立民主、和平、进步、正义和平等的思想。

新加坡国旗

马来西亚

马来西亚人对穿着有哪些讲究

马来西亚人在传统服装的穿着上是很有讲究的：男士上着无领上衣，下着长裤，腰围短纱笼，头戴“宋谷”无边帽；女士为礼服，比较宽肥，头披单色鲜艳纱巾。如今的马来西亚人已很少穿着传统服装，平日里都穿轻便的衣服，只有在探亲访友或重大的节日才穿传统服装。在马来西亚有一种服装可以适应多种场合，那就是“巴迪衫”。它是以蜡染花布制成的长袖上衣，质地轻薄，穿起来感觉特别凉爽，现已逐渐取代了传统的马来西亚服装，成为马来西亚的“国服”。另外，需要注意的是在马来西亚，除了皇室成员外，普通人是不能穿黄色服装的。

正在读《古兰经》的马来西亚穆斯林

小贴士：气候

马来西亚地处热带，气候全年炎热潮湿，年平均气温 21℃～32℃。全年可以穿夏装，因其是伊斯兰教国家，女性的穿着不要过于暴露。

马来西亚餐厅桌上的水壶是做什么用的

在马来西亚餐厅用餐时，你会发现部分餐厅的餐桌上会有一个大大的水壶，你知道它是用来做什么的吗？你一定会认为那是装茶水的，那么你错了。其实，这个水壶是用来装洗手水的。因为，马来西亚人吃饭都是用手抓取的。所以在餐前及餐后都要洗手，这早已成为马来西亚人用餐时的一个必不可少的礼节了。

小贴士:小费

在马来西亚没有给小费的习惯。在酒店与餐馆,一般账单上已附加 10% 的服务费,所以不必另给小费。如果账单上注明要另付服务费的,可付约 10% 的小费。旅客接受饭店服务员、行李工服务时,可酌情给点小费。对饭店门卫、出租车司机可不必给小费。

马来西亚纸币

女性在游览马来西亚清真寺时要注意些什么

清真寺是穆斯林举行宗教仪式的地方,进入清真寺要脱鞋,穿着要正式。女性要穿长袖长裤将手脚遮住,还要戴头巾将头发盖住,否则将被拒之门外。另外,不是伊斯兰教徒不能进入祈祷大殿。

马来西亚国家清真寺

小贴士:马来西亚国家清真寺

马来西亚国家清真寺位于首都吉隆坡市的中心地区,是世界著名的清真大寺,也是目前东南亚地区最大的清真寺。它是伊斯兰建筑艺术的杰出代表,也是马来西亚人举行国家宗教仪式的重要场所。

去马来西亚旅行,需要注意哪些医药卫生问题

马来西亚属热带气候,除需注意防晒外,还应留意饮食卫生。否则,易患腹泻和消化道疾病。另外,马来西亚蚊虫较多,外出游玩时,最好涂抹防蚊药物或

穿轻薄透气的长裤长衫，以防止蚊虫叮咬。否则,患上疟疾和登革热的几率还是蛮高的。到马来西亚还应自备一些药物，主要针对发烧、腹泻、肿痛、驱蚊等,以备不时之需。

小贴士:紧急救助

在马来西亚,需要紧急救援时，可拨打免费电话“999”。

与马来西亚人交往要注意哪些礼仪禁忌

马来西亚握手礼

与马来西亚人交往,要尊重他们的习俗,否则会被视为没有修养。马来西亚人的传统见面礼很独特,在见面时会用双手握住对方的双手互相摩擦,然后再用自己的右手往心窝点一点。对陌生的女性则不可随便伸手要求握手,男性应该向女子点头或行鞠躬礼，并且主动致以口头问候。但现在,西式的握手问好在马来西亚已是最普遍的见面礼了,不论在马来西亚的哪个民族都可通用。

小贴士:语言

马来语既是马来西亚国语,又是其官方语言,英语为通用语言和函电语言,其他还有汉语、泰米尔语和一些部族语言。

去马来西亚人家做客需要注意什么

去马来西亚人家做客,除非主人允许,否则不管是到访马来人,还是华人或印度人的家,都需在进门前将鞋子脱去。如果主人安排坐在地板上的垫子上,男性应盘腿而坐,女性则应把腿偏向左边而坐。当主人摆出饮料、点心招待时,一定不要推辞,如果推辞,主人反而会不高兴。因马来西亚人用餐习惯用手取食,所以,在用餐前须把手洗干净。进餐时必须用右手,否则会被视为不礼貌。如不得已用左手用餐或取餐具,应先向同席其他人说明原因。另外,在拜访时间的选择上也要注意，不要在黄昏时登门拜访。因为这个时间的拜访是不受欢迎的，穆斯林教徒要做祷告。

小贴士：美食

马来西亚美食中最具代表性的一道名菜叫“沙爹”。“沙爹”其实是以竹签串上牛肉或羊肉、鸡肉、虾等用炭火烤熟的美味，食用时再沾上又甜又辣的花生酱，味道又辣又香，让人回味无穷。

马来西亚“沙爹”

马来西亚人有哪些日常禁忌

马来西亚人除了在饮食、宗教方面的禁忌，在日常生活中还有许多其他禁忌。例如：马来西亚人衣着严谨，不管天气如何炎热，在公众场合穿着也是从不过分暴露肢体。人们也从不当众表示亲昵。如果对方是异性，更不可有身体接触，即使是夫妻或恋人也不能违反。

还有，马来西亚人认为头部是神圣不可侵犯的，因此严禁触摸。对落座后跷腿或双腿分开，把脚底或鞋底对准别人等行为十分厌恶，认为这些是极其不文明的举动。马来西亚人在与人交谈时，忌讳将双手贴在臀部，这样的举动有发怒之嫌。也忌讳当众打哈欠，认为这样是对别人的不尊重。此外，马来西亚人还忌讳乌龟，他们认为乌龟是一种不吉祥的动物，会给人带来厄运。

在马来西亚被视为不详的乌龟

小贴士：右手食指禁忌

马来西亚人非常忌讳用右手食指指人或方向，因此在指方向时，马来西亚人总是用拇指指示，将其他四个手指圈起来。

印度尼西亚

在印度尼西亚旅行，穿什么衣服最适宜

印尼以传统蜡染工艺制成的纺织品

印度尼西亚终年如夏，气温介于20℃～33℃，4～9月底为旱季，12月到翌年3月为雨季，全年均适宜旅游。但雨季雨水较多，对出行有一定影响，相比之下选择旱季更为适宜。

在印度尼西亚旅游，一般只需准备夏季服装，衣着以轻便、凉爽为宜。如去山区、高地游玩，则必须准备厚实些的御寒服装。若参观博物馆、寺庙、总统行宫，或参加宴会等，则着装需保守、正式些。但男士若穿印尼长袖巴迪衬衣，可适应一切场合。

需要额外提醒的是：印度尼西亚白天阳光较为强烈，最好准备遮阳帽或遮阳伞，以备不时之需。另外，如在雨季，外出别忘带上雨具。

小贴士：国服巴迪(Batik)

印尼的传统服装名为巴迪，有国服之美誉，是爪哇人及巽他人以传统蜡染工艺制成的纺织品。高档的巴迪布为手绘图案，并绣以金丝点缀。巴迪衫是印尼主要传统服饰，已有1300多年历史。上至国家总统，下至平民百姓，每人均有几件。正式场合中男士可上身穿长袖巴迪衬衫，下身穿深色裤子。女士一般着巴迪或其他布料的套装，颜色较鲜艳。

在印度尼西亚参观寺庙要注意什么

在印度尼西亚，参观寺庙或清真寺时，不能穿短裤、无袖服、背心等裸露的衣服。并且，进入前一定要脱鞋。在巴厘岛，进入寺庙必须要在腰间束腰带。

小贴士：宗教

印度尼西亚是一个多民族、多宗教的国家。世界三大宗教伊斯兰教、基督教和佛教在这里都有信奉者。印尼有约87%的居民信奉伊斯兰教，是世界上穆斯林人口最多的国家，6.1%的人口信奉基督教新教，3.6%的人口信奉天主教，其余则信奉印度教、佛教和原始拜物教等。

去印度尼西亚人家做客需要注意些什么

印度尼西亚人性格直爽、热情好客。到印度尼西亚人家做客前，最好多了解一些印度尼西亚人的日常社交礼节，以免到时失礼。

(1)印度尼西亚的伊斯兰教徒间相见一般使用阿拉伯语问候，并行双手合十礼至前额表示诚意和衷心祝福。但男性不宜主动向女性伊斯兰教徒伸手要求握手；

(2)在进屋前一定记得脱鞋，因为印度尼西亚人家里大多铺着地毯；

(3)若主人硬留你吃饭，不可一再推辞，否则会被主人认为你看不起他或对他存有戒心。

小贴士：餐饮礼仪

印尼人一般以大米为主食，以鱼、虾、牛肉等为副食，但不爱吃海参。习惯吃西餐。由于受当地华人的影响，也普遍喜欢中餐。一般场合习惯用右手抓饭。用餐时，有喝凉开水的习惯，一般不喝烈性酒。做客时，要等主人邀请后再用餐。吃饭时不要多说话，忌讳盘子里不留一点食物。不要提出要盐等特殊要求。

印尼炒饭

印度尼西亚人有哪些日常禁忌

印度尼西亚人忌讳用左手传递东西或食物。他们认为左手肮脏、下贱，使用它是极不礼貌的。

他们忌讳别人摸他们孩子的头部，认为这是缺乏教养和污辱人的行为。

正在抽烟的印尼老农民

印度尼西亚巴杜伊人衣着除崇尚白色、蓝色、黑色外，忌穿戴其他色彩的衣服，甚至都不允许谈论。

爪哇岛上的人最忌讳有人吹口哨，认为这是一种下流举止，会招来游荡的幽灵而惹祸上身。

印尼人特别忌讳乌龟，认为它是一种令人讨厌的低级动物，它象征丑陋、春药、性、污辱等，给人以极坏的印象。

他们忌讳老鼠，认为它是一种害人的动物，带给人肮脏、瘟疫和灾难。

印尼人一般不喜欢吃带骨刺的菜肴。伊斯兰教徒禁食猪肉和使用猪制品，多数人不饮酒。

印尼商人特别注重互送名片，初次相识，就应把自己的名片送给主人，否则会受到长时间的冷遇。

印尼人与初次交往的客人一般不愿意谈论当地政治和外国援助等问题。

小贴士：敬烟禁忌

印尼人敬烟时，一般将烟盒先磕一下，同时露出几支烟后，再递到客人面前。客人取烟时，一般先将外露最长的那支按进烟盒，而取出最短的一支，以示谦虚。从烟盒中取一支或远抛给客人是没有礼貌的。

为什么说印度尼西亚人敬蛇如敬神

在印度尼西亚，有很多民间传说和传统戏剧中都涉及蛇。人们认为蛇是善良、智慧、德行和本领的化身。蛇在印度尼西亚人的心目中有着崇高的地位，人们敬蛇如敬神。甚至，在巴厘岛，人们还专门为蛇修建了一座像庙宇的蛇舍，里面养着一条大蛇。在蛇舍前设有专门香案，作为供奉鲜花、祭品及磕头、礼拜、祈祷之用。而在蛇舍后面的蛇洞里，还养着大量的蝙蝠，专供这条蛇食用。

印尼将蛇像神一样敬奉

文 莱

文莱人见面如何行礼

文莱人相见时，一般都以握手为礼，然后将右手向自己胸前轻轻一抚。而年轻人遇到长辈或老人时，会将双手作拥抱状于自己胸前，身体朝前弯下并鞠躬致礼。

文莱国旗

小贴士：国旗

文莱国旗呈长方形，长宽比为2:1，由黄、白、黑、红四色组成。黄色的旗地上横斜着黑、白宽条，中央为红色国徽。黄色代表苏丹至高无上。后来为了纪念两位有功的亲王，才决定在国旗上加了黑、白两条斜条。

文莱有哪些日常禁忌

文莱是伊斯兰教国家，具有浓郁的宗教色彩和马来民族传统。在文莱旅行需要遵守当地的风俗习惯。第一，参观清真寺或到马来人家做客时，进门前要脱鞋，以示尊重和清洁。第二，不要从正在做祷告的教徒前走过，非穆斯林也不能踩清真寺内做祷告用的地毯。第三，文莱人忌吃猪肉，所以忌讳提及与猪相关的言语。第四，文莱人认为左手是不洁净的，因此接送物品应使用右手。第五，还要注意的是，不要去抚摸当地孩子的头部，因为文莱人认为头被触摸会带来灾难。第

文莱首都的象征——奥玛尔·阿里·赛福鼎清真寺

六，不要用食指指对方，而要将四指并拢轻握成拳，大拇指紧贴在食指上。招呼出租车时要挥动整个手掌，忌用食指。第七，在正式场合下，不要跷二郎腿或两脚交叉。第八，文莱禁酒，不能在公共场合饮酒，只有在专门酒吧饮酒。第九，文莱禁赌、禁“黄”。

小贴士：服装

女士衣着要庄重大方，衣服要长袖，裤、裙等要掩过膝盖；进出清真寺要脱鞋；要包头巾、穿长褂（寺庙提供）。男士不可穿浴袍、短裤或宽松的T恤，在公共场所不能大声喧哗。黄色是文莱王室的象征，因此进入王宫不要穿黄颜色的衣物，紧身、过短、透明、暴露的衣着也不受欢迎。

东帝汶

东帝汶有哪些风俗禁忌

东帝汶国旗

东帝汶人有尚武习俗。若来此旅游，应保持冷静、克制，尽量避免冲突；遇有婚丧或教会活动的车队，须停靠避让，不得超车；喜欢白皮肤，不喜欢黑色；男人们的生活比较悠闲，妇女们承担砍柴、担水、种地、侍奉孩子等重担。

印度

去印度旅行需要注意些什么

去印度旅行最好安排在天气比较冷的季节，即10月至翌年2~3月。这个季节气候凉爽宜人。应避免在7~8月旅行，因为此时正是印度的雨季，会给出行带来很多不便。如果是女性单独出游，为了避免不必要的麻烦和安全，建议穿上印度妇女的传统服装，并且途中尽量少和陌生人讲话，这样别人会把你当做本地人看待。特别需要提醒的是，在印度买火车票是非常困难的，一般需要提前很多天预订车票。所以，在印度旅行，要做好只能乘坐飞机的准备了。

泰姬陵

小贴士：出入境

入境印度，每人只能携带200支香烟，一瓶白酒。可携带货币2000美元。分镜头相机、摄像机、手提电脑等需要向海关申报，否则，将被罚以重税。在印度，客人必须在飞机起飞前3小时到达国际机场，2小时到达国内机场。印度政府严禁在机场拍照。印度规定卢比、毛皮、象牙、百年以上古董不能携带出境。古董必须获得文物局未满100年证明书，并附发票，方可出境。金饰和宝石可带出境，但以1万卢比为限并附发票。

为什么印度教教徒不能吃牛肉

印度教寺庙上的牛雕像

印度有“牛的王国”之称，牛被印度教教徒视为“圣兽”。他们认为，牛既是繁殖后代的象征，又是人类维持生存的基本保证，是神圣不可侵犯的动物。所以，印度教教徒不准吃牛肉。在印度，每年僧侣们都要举行一个节日，叫“波高”节，以此来表示对牛的崇拜，并且仪式规定不准妇女参加，由此可见牛在印度人心中的地位是何等的崇高。另外，在印度有些地方还可以经常看到牛随意漫游街头，与行人、车辆等共享道路的景象。因此，在印度驾车时，千万要注意牛。同时，最好也尽量避免以牛为摄影的对象。这些都被视为犯禁戒的行为。

小贴士：印度教

印度教形成于8世纪，主要是婆罗门教和佛教信仰产生出来的一个新教。它继承婆罗门教的教义，仍信仰"梵"，并对造业、果报和轮回等观点，持赞成和积极发挥的作用。因此，印度教认为个人必须通过修行和积累功德才能认知"梵"，与"梵"合一。"梵我合一"是印度教哲学理论的核心，更是印度教教徒追求的最高目标。

在印度新德里为什么不容易买到酒

在印度新德里，买酒是有时间限制的。每周的星期二、星期五和公休日及每月第一天为禁酒日，在这些天里，无论你多么神通广大，也休想买到酒。

小贴士：小费

印度的饭店服务要加10%的服务费，故不须另付小费，若是较高级的饭店还须交纳7%的奢侈税。在机场或车站委托搬运行李时，每件应于柜台付1卢比小费，不必再付给服务员。搭乘计程车时通常多加车资的10%，但不是必须支付的。

在印度，参观寺庙有哪些禁忌

在印度，进寺庙前一定要先脱鞋，不要穿着短裤和短裙。

不要佩戴以牛皮为材质制成的东西。

在寺庙不要大声喧哗，如见到身边的穆斯林在祈祷时，须轻声走过，不要影响其做礼拜。

正在瓦拉纳西祈祷的印度牧师

为什么印度人很少用左手

在印度，人们吃饭时只用右手抓取，不管是吃米饭还是喝粥。此外，也只准用右手递接东西或食物。因为印度人认为左手是用来处理不洁之物的，是肮脏的。所以，左手除了上洗手间用外，其他各方面几乎很少用到。伸左手就是对别人的侮辱，有可能会令对方恼怒并发脾气，甚至会引发冲突。

在印度人家做客应注意些什么

去印度人家做客，进门，首先要向主人和家人问好。在饭前、饭后要记得洗手，因为印度人吃饭是用手来抓取的。其次，用餐时，最好不要自行拿取，主人一般会殷勤招呼并递送。此时，一定不要拒绝给你的食物和饮料。因为，在印度食物被认为是上帝所赐，拒绝意味着是对上帝的忘恩。如果吃不了盘中的食品，也不要转递给别人。因为一旦你接触了食物，它就成为污物，别人是不能再食用的。第三，用餐后，记得要向主人家表示感谢，并赞美食物的丰盛与可口。这样做会使主人家感到很愉悦的。

小贴士：印度人性格特点

印度人天性达观，乐天知命，随遇而安。无论发生什么事，都不愠不火，不急不慢。印度人的不着急，明显表现在时间观念上，不愿意受时间束缚，约好时间，晚到半个小时再正常不过了。

海水中手牵手的印度一家人

与印度人交谈为什么不能随意点头或摇头

印度人有一项很特别的习惯，就是在回答问题时，表示赞成或同意时会将头歪向一边或摇头，而不像我们点头表示同意。因此，在与印度人交流时，千万不要乱动头部，否则容易造成误会。

印度人有怎样的社交礼仪

合十礼。在印度，最常见的见面礼节为合十礼。即行礼时双掌合于胸前，十指并拢，以示祝福和尊敬。一般而言，在对长辈行礼时，双手要与前额相平；对平辈行礼时，双手一般位于胸口和下颌之间；对晚辈行礼时，一般双手齐于胸口即可。

正欲献花环的印度新娘

摸脚礼和吻脚礼。这是印度最高的礼节。一般对长辈或某人表示格外尊重或恳求时，要行摸脚礼。即屈身用右手摸对方的脚部，然后再用右手回摸一下自己的前额，表示自己的头接触了对方的脚部。吻脚礼，即用前额去碰触对方的脚部。

献花环。在印度迎接客人时，主人经常为客人戴上花环。所献花环越粗，越证明客人尊贵。

小贴士：送礼

印度人走亲访友时一般送一份糖果或一束鲜花作为礼物。印度人多喜欢甜食，所以送糖果者居多。除了从商店购买外，印度人自家也会做糖果，但一般又甜又腻，很多游客不习惯食用。

在印度，人们为什么忌讳别人触摸头部

印度人忌讳别人摸自己头上的任何一部分，他们也不喜欢去摸别人的。因为他们认为头部是人体最高的部分，也是人体中最神圣无比的部分，尤其是孩子的头，被视为神明停留之处。所以，在任何情况之下绝不允许触摸。

在印度，还有哪些日常生活禁忌

印度人有很严重的等级观念，很重视身份和地位。他们从不跟身份悬殊的人同席进餐。这和尼泊尔人类似，对身份的重视超过其他的一切。

在印度，进厨房也要先脱鞋。这是习惯及宗教信仰的要求。印度人之所以把厨房看得与寺庙同等的重要与神圣，是因为人们在用餐之前要敬神，即在敬神之后，人们才能用餐。

印度人睡觉时不能头朝北，脚朝南，因为阎罗王住在南方；

印度人崇拜蛇，如打死蛇，被认为触犯神明；

婴儿忌照镜子，否则会变成哑巴；忌在盆中洗浴，因为里面的水不流动，被

认为不吉利；

忌吹口哨，被认为冒犯他人；

怀孕妇女忌照相、做衣服；

忌交谈时打听对方的家庭、工作、收入等问题，忌聊敏感政治问题，以免引起不悦。

印度咖喱美食

小贴士：饮食禁忌

印度教徒最忌在同一食盘用菜。其中，素食者居多。一般来说，等级越高，荤食者越少；等级较低者，才吃荤（羊肉）。

印度人对数字、颜色、图案有禁忌吗

印度国旗

印度人忌讳数字“1”、“3”、“7”，认为这是不吉利的数字，一般会避开使用，或用其他办法代替；忌讳白色，认为白色代表了人内心的苍凉和悲伤，习惯用百合花来悼念已亡人。他们喜欢红色（象征活力）、蓝色（象征真诚）、紫色（象征宁静）、金黄色（象征光辉灿烂）、绿色（象征和平）；忌讳弯月图案。

小贴士：国旗

印度国旗旗面为长方形，长宽的比例为3:2。整旗由橙、白、绿三个相等的横长方形组成，中心有一个蓝色法轮，含24根轴条。橙色象征勇气、无私；白色代表真理与和平；绿色象征繁荣、信心。

印度女性为什么要在前额点痣

印度女性通常在前额中间点痣，名为吉祥痣。其颜色、形状各异。按照传统方法，要用朱砂、糯米及玫瑰花瓣等材料捣成糊状，点在前额的眉心。痣是喜庆、吉祥的象征。吉祥痣主要有三种含意：一是表示已婚；二是表示丈夫健在；三是祝愿家庭平安、吉祥。

点吉祥痣的印度妇女

小贴士:吉祥痣

在印度，以前吉祥痣是女子已婚的一种标志,因此未婚的姑娘是不允许点痣的。如今印度女性已不再固守陈规，认为在额头上点个红痣,既美观又时尚。因此,不管是已婚还是未婚女性，都可以点一个吉祥痣。但是,按照传统习俗,寡妇是不能点吉祥痣的。

巴基斯坦

在巴基斯坦为什么不能随便饮酒

根据巴基斯坦伊斯兰教规,穆斯林严禁饮酒，故酒的酿造和饮用在这里是被禁止的,违者将遭到 80 藤鞭处罚。因此,在巴基斯坦旅行,不要在公共场合饮酒,否则也要受到处罚。

巴基斯坦国旗

巴基斯坦人有哪些饮食禁忌

巴基斯坦人的主食为米饭和面食,副食有牛肉、羊肉、鸡肉、鸡蛋、鱼、蔬菜等。烹调时多以煮、炸为主,蔬菜多生食。他们的口味偏甜、辣,不爱太咸;用餐时喜欢用右手抓取食物,只有在正规宴请时才使用刀叉。巴基斯坦人忌食猪肉、动物血和非按教规宰杀之物及自死之物,平日爱喝奶茶、牛奶和酸奶。但,进餐时往往以冰水佐餐，不饮用酒和含有酒精的一切饮料。

去巴基斯坦人家做客需要注意些什么

巴基斯坦点缀樱桃的点心

到巴基斯坦人家做客，需要提前预约，不可唐突到访。巴基斯坦人对时间观念的要求不是十分严格，迟到不会被认为是失礼的行为，但作为客人最好还是按约到达，以表示对主人的尊敬。在巴基斯坦，迎接、接待客人都由男主人出面，女主人一般不会露面，因为巴基斯坦的女性回避制度仍然盛行。巴基斯坦人慷慨大方，他们会用丰盛的食物招待客人，认为这样才能表达对客人的欢迎。另外，需要注意的是，巴基斯坦人的摇头和点头分别表达是和不是，与我国的习俗正好相反，交谈过程中不要领会错误，造成尴尬。在离开时，记得一定要表达对主人盛情款待的谢意。

小贴士：交通安全

与我国不同，巴基斯坦车辆靠左侧行驶。加之，很多巴基斯坦司机不遵守交通规则，所以，在巴基斯坦外出交通安全最为重要。

巴基斯坦人有怎样的见面礼节

巴基斯坦人信奉伊斯兰教，人们见面必说“真主保佑你”或“真主赐你平安”等祝福的话语，然后行握手礼或拥抱礼。男性间的拥抱礼要先把头靠左边拥抱一次，再靠右边拥抱一次，最后再向左边拥抱一次才算结束，绝不马虎。女性间拥抱礼是先拥抱，后相互亲吻两颊和额头，后再拥抱再吻，也要如此三遍。对久别相逢的亲人、挚友等，他们还要为其戴上花环，以表达激动的心情。

小贴士：语言

在巴基斯坦进行商务活动，最好讲一口流利的英语。否则会被认为没有受过良好教育，被轻视。事实上，确实有不少优秀的人才因为英语讲得不好而遭冷遇。

巴基斯坦人有哪些日常禁忌

巴基斯坦要求妇女的脸不能外露，更不能让男人看见，必须戴上“盖头”和“面纱”。他们忌讳黑色，喜欢翡翠色、金色、银色等色彩，认为黑色象征消极；忌讳送人手帕，认为手帕是用来擦拭眼泪的，送手帕意即送悲伤给对方；忌讳男女在公共场合表现过分亲密，认为那是一种罪恶；忌讳女性在街上对人飞“媚眼”，认为这是淫荡的表现；忌讳未经允许给女子拍照，认为这种举动是无耻的行为；忌讳“13”和“420”这两个数字，认为它们会带来灾难与厄运；忌讳“星期五”，认为这天是灾难的日子。所以“星期五”一般不办公。因为宗教信仰的缘故，他们还忌讳将酒、猪皮或猪鬃制品及带有女性图片的书刊和雕塑等作为礼物。巴基斯坦人洗澡习惯淋浴或用壶冲洗，不用盆洗。

巴基斯坦包住头的女穆斯林

小贴士：接吻

由于巴基斯坦人多信仰伊斯兰教，所以，他们严忌男女当众拥抱或接吻，并认为当众接吻是一种罪恶，须罚款并坐牢一周。

孟加拉国

孟加拉国人有什么日常禁忌

孟加拉国人多数信奉伊斯兰教，还有少部分人信奉印度教、佛教、基督教。他们忌讳别人拍打自己的后背，认为这是一种不礼貌、不尊重人的表现；忌讳不经同意就给他们拍照，认为这是非常招人反感的；忌讳用左手传递东西或食物，认为左手下贱、肮脏。因此，用左手递送东西或食物是极不礼貌的；忌讳竖拇指这个手势，视其为不礼貌的举止；忌“13”和“星期五”，认为它们是消极、不吉利的数字，象征灾难和厄运。此外，伊斯兰教徒恪守禁酒的教规，不能饮酒。也禁食猪肉及使用猪制品，还忌讳谈论有关猪的相关话题。

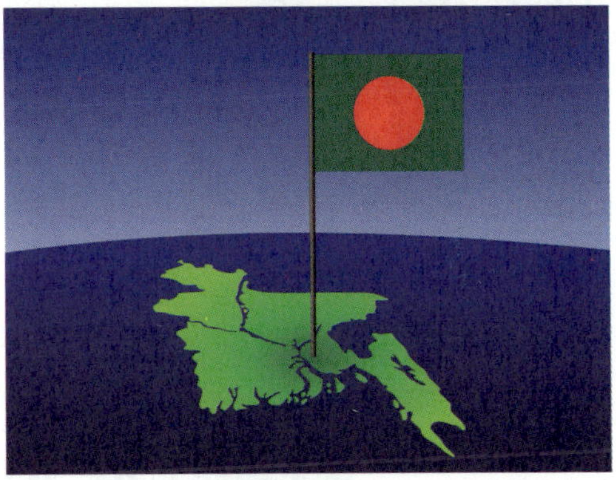
孟加拉国地图及国旗

小贴士：餐饮礼仪

孟加拉国人以米饭为主食，也喜欢甜食。他们除了在正式社交场合使用刀叉外，一般用右手抓食取饭。男、妇通常分开就餐。在家中，妇女一般在男子吃过饭后才用餐。吃饭时，切记不可把食物从一个盘子转移到另一个盘子，即使是夫妻也不行。因为这被认为不干净。

孟加拉国人有怎样的社交礼仪讲究

在社交场合，孟加拉国人与客人见面时，一般都以握手为礼。男女间相见时，习惯以点头示意或互道问候为礼。因为在孟加拉国，男人一般不与女

孟加拉国漂亮的陶瓷工艺品

人握手。孟加拉国的佛教徒与客人相见时,习惯施合十礼。客人也应双手合十还礼,以示相互尊重。另外,孟加拉国人时间观念很强,约会特别守时,认为这是社交上的礼貌,必须遵守。

小贴士:商务礼仪

在孟加拉国,如果你英语流利将很方便,否则对方可能会瞧不起你。与孟加拉国人初次见面,要交换名片,应右手接送。在谈判时,他们很少用“不”字,如果回答模糊则意味着不同意。

尼泊尔

尼泊尔人送礼有什么讲究

尼泊尔人相互间送礼物,通常会有三件之一:尼泊尔帽、廓尔喀弯刀和布鞋。送尼泊尔帽,表示对朋友的尊敬和关爱,有对朋友嘘寒问暖的意思;廓尔喀弯刀是尼泊尔的国刀,表示对朋友的保护与牵挂;送布鞋,则是祝朋友平安、顺利,拥有美好前程。

尼泊尔廓尔喀弯刀

小贴士:纪念品

尼泊尔有“购物天堂”的美誉,纪念品众多,除以上提及的尼泊尔帽、廓尔喀弯刀和布鞋外,还有木雕、四弦琴、镶嵌首饰盒、绣上佛眼的 T 恤等。另外,加德满都的唐卡画及印度大吉岭红茶、阿萨姆红茶等都是馈赠亲友的首选。

在尼泊尔为什么不准宰杀黄牛

尼泊尔人将黄牛视为国兽。黄牛可以随便在大街小巷自由行走。如果在哪儿遇见一头黄牛，让路的肯定是人或车。尼泊尔政府还专门对黄牛进行立法保护，不准任意宰杀。生活中人们也非常尊敬黄牛，尤其是牛身颈后带有“驼峰”的黄牛更被视作神牛。人们不吃牛肉，忌讳用任何牛皮制成的东西。

加德满都守卫的黄牛

在尼泊尔，有哪些日常禁忌

在进入印度教寺庙前不仅要脱鞋，还要脱掉身上任何皮带、皮包等皮制物品；请按顺时针参观寺庙，不要触摸寺庙内的任何供品及前往神龛的信徒；火是神圣之物，不要将垃圾丢进火中；头是高贵神圣的，不要触摸小孩的头；在尼泊尔，切记点头表示不同意，而摇头表示高兴、同意或赞赏；在尼泊尔打招呼时，可以与男性握手，但遇见妇女时，只许双手合十，道上一声“那马斯特(Namaste)”即可；尼泊尔人着装保守，女士们切忌穿容易暴露的服装；在寺庙、佛塔、纪念碑前，最好征求一下意见再拍照；不要用自己使用过的刀、叉、勺子或用手去接触别人的餐具或食品；不要用脚去触碰尼泊尔人的物品，以免造成冒犯；男女之间在公共场所不要有亲昵行为。

尼泊尔卡莉女神

小贴士：血祭

在尼泊尔，人们都相信卡莉女神掌管人类的生育。因此，每星期二与星期六上午，尼泊尔人都会扶老携幼前往附近的神庙祭拜卡莉女神。祭拜时将鸡、羊、牛等畜生交给血祭师宰杀，以鲜血喷洒在女神神像上，以祈求生子、吉祥、获得庇护。

马尔代夫

到马尔代夫旅游应注意哪些事项

马尔代夫人信奉伊斯兰教，特别注重礼节。伊斯兰教徒之间见面一般使用阿拉伯语打招呼问候，并行双手合十礼至前额表示祝福与诚意。在马尔代夫，大声喧哗、指手画脚、跷二郎腿都被认为是不礼貌的举动。马尔代夫人忌讳别人摸他的头部，认为头部是神圣不可侵犯的；忌讳别人用左手递食物或者物品，认为左手是用来处理不洁物的，是肮脏的，用左手是对别人的一种侮辱。走在马尔代夫的街上，如果有乞丐乞讨，应慷慨大方一些，因为在这里施舍是一种美德。否则，会被别人看不起。在参观清真寺时，男性不可穿短裤，且着装应肃穆保守一些。女性穿着不能露出双臂及脚踝。另外，需要注意的是在外出游玩或散步时，最好将贵重物品随身携带或存放于酒店保险柜内，以免被窃。同时，最好随身携带驱蚊药或清凉油等，以备不时之需。

马尔代夫海岛风光

小贴士：最佳旅行时间

马尔代夫靠近赤道，全年气温都比较适宜旅游。最佳旅游时间为每年的 10 月到翌年 4 月，5 月到 9 月是雨季，比较闷热，常有阵雨。需要提醒的是，旅游旺季订房困难且房价贵。

在马尔代夫住宿需要注意些什么

马尔代夫的酒店出于环保考虑是不提供牙刷、牙膏、拖鞋等物品的，需要自己准备。酒店内的自来水不能直接饮用，最好购买瓶装水饮用，大约为 3 美元/

瓶。房间内的饮料和食物是需自行付费的。电视节目分为收费和免费两种，收看前请注意收费说明及价格。房间内拨打外线电话也是需要额外付费的。

小贴士:电压

马尔代夫电压为220～240伏特,50赫兹,插头为英式三孔方柱插座,需插头转换器。酒店前台一般可以提供,但数量有限,建议提前购买准备。

夕阳下马尔代夫的海边别墅

在马尔代夫如何给小费

在马尔代夫旅行,按照如下规则给小费,就不会出现尴尬和失礼的问题。在酒店一般为房间服务员每人每天付1美金,入住和离开时行李员的小费最好也给1美金;如参加海钓活动,应视服务情况和当时环境而定给多少,因为船上船员较多;在餐厅用餐,如果餐厅已经加收了10%的服务费,那么你可以不给小费。当然,如果你非常满意服务的质量,也可以给1美元作为小费。

马尔代夫纸币

小贴士:货币

马尔代夫货币为罗非亚和卢比。在马尔代夫旅游无须携带过多现金,欧元卡、万事达信用卡、维萨信用卡都被接受。

斯里兰卡

斯里兰卡人有哪些风俗禁忌

斯里兰卡落日风光

斯里兰卡暴力事件常发生，建议不要去北部和东部地区；这里卫生条件有限，多带些自备药；进入寺庙要脱鞋，庙内禁止喧哗和照相；忌用左手传递东西；微微摇头表示“同意”，不可误会；僧侣禁止饮酒；喜欢兰花，视乌鸦为吉祥物。

不　丹

不丹人有哪些日常禁忌

不丹人在吃饭、喝酒、喝茶前，须将少许食物、茶酒向空中抛洒，以求神灵保佑；忌杀猪当天吃肉；忌家人出远门当天扫地；家中若有人生病，要在门口插树枝，禁止外人进屋；家中若死了人，死者家属一年内忌唱歌跳舞、杀鸡宰猪、打猎、婚嫁。忌将狩猎工具借给外人；忌买不被批准的宗教文物和古董；忌将金钱、糖果等给予小孩，也不要随便将药物赠予有需要的村民。

正在祈祷的不丹老妇女

小贴士：高额烟税

不丹对吸烟者的“惩戒”非常严厉，若带烟草入境，须在海关支付100%的关税。

沙特阿拉伯

去沙特阿拉伯旅行什么时间最适宜

沙特阿拉伯幅员辽阔，地形复杂，占据了阿拉伯半岛的70%，为典型的热带沙漠气候。夏季为4～10月，日照强烈，干燥少雨，酷热时间长，气温最高时达50℃。11月至翌年3月，气候转凉，偶有降雨。但，由于沙特阿拉伯沙化严重，每年3月会有沙尘暴和降沙天气持续，并不适宜出行。因此，去沙特阿拉伯旅行的最佳时间为11月至翌年2月。还有，像去其他伊斯兰国家一样，最好不要在斋戒月期间去这里旅行。

小贴士：节假日

沙特实行每周五天工作制，星期四、五为休息日。根据《伊斯兰法》，沙特每年只有两大节日：一是开斋节(即回历10月的第一天)，政府机关的假日从回历9月25日至10月5日；二是宰牲节(即回历12月10日)，政府机关假日从回历12月5日至15日。

沙特阿拉伯风光

在沙特阿拉伯女性穿衣有些什么讲究

沙特阿拉伯人的传统服装是大袍，又大又肥，每个阶层的人都在穿用。男性常穿白色大袍，且为长袖，外罩高领、镶里的外套，头戴白色帽子。女性常穿黑色大袍，并以黑色纱巾遮面，从头到脚包裹得严严实实，头发和皮肤不能外露。沙特阿拉伯社会对女性的限制较多，除了服装上的限制外，在其他方面也有着较多的限制。如女性讲话不能让陌生的男子听到；女性不能昂首挺胸而行，必须低头无声疾行等。因此，女性在沙特阿拉伯旅行，应入乡随俗，在穿着上不可暴露，言行上要保持低调。否则，容易招来不必要的麻烦。

小贴士：拍照

在沙特阿拉伯，未经本人许可，不能在公众场合拍摄当地人，尤其是女性。否则，警察将予阻止，严重时还会受到该国法律的制裁。

沙特妇女

与沙特阿拉伯人交往要注意些什么

沙特阿拉伯人落落大方、热情友好。但由于宗教信仰的缘故，人们在日常交往中产生了许多禁忌。首先，男性如遇到沙特阿拉伯女性时，不宜主动问候或行礼。因为沙特阿拉伯女性很少和家庭外的男性接触。其次，与沙特阿拉伯男性打交道时，切勿打听其夫人或恋人情况，并且也不要赠送礼物，否则可能会被认为另有所图或行贿。第三，不要用手召唤或用手指指人，这样会被认为看不起别人或者藐视别人。第四，与沙特人握手时，如对方握着你的手，不要主动过早地往回抽，会被认为没礼貌。

与沙特阿拉伯人做生意需要注意哪些事项

与沙特阿拉伯人做生意，需要了解一些他们的商务习惯与习俗，否则就可能给工作带来许多不便，以致谈判失败。首先，要有时间观念。按照沙特阿拉伯人的商务习惯，与他们见面需要提前预约，但常常会遇到他们迟到的情况，因为他们认为迟到几分钟并不算失礼。其次，中途常被打扰。在与沙特阿拉伯人会谈过程中，经常会被他

沙特商人

们相识的人打断。此时，他们也不生气，认为很正常，觉得工作是家庭生活的延伸，也不算为失礼。第三，名片设计两种语言。在沙特阿拉伯，很多商人都通晓英文，名片上会用英文和阿文两种文字书写。所以，与他们交换的名片，最好也用这两种文字。这样才会显得有诚意，容易拉近彼此距离。第四，在与沙特阿拉伯男性商人打交道时，尽量不要让女性职员与其接触或者沟通。否则，很可能事与愿违。因为，在沙特阿拉伯，女性是不许抛头露面的。

小贴士：沙特商人特点

沙特商人大多不相信谈判代表，总喜欢直接与制造商谈判。法律限定该国商业必须由本国商人经营，所以，在沙特，商人总是身兼进出口、零售商等多重身份。另外，沙特商人往往兼营多种商品进出口，且善于讨价还价，与他们谈生意需要细心和耐心。

给沙特阿拉伯人送礼物有何讲究

在沙特阿拉伯，送礼物是个人交往和商务往来中的一种崇高习俗。不过，初次见面时不要送礼物，以避行贿之嫌。

沙特阿拉伯人对于送礼物有以下几条禁忌：第一，不要送带有动物形象的礼物。因为，沙特阿拉伯人认为动物会给他们带来厄运。第二，不要送酒或含有酒精的礼物。因为，伊斯兰教禁酒。第三，不要送洋娃娃或人物塑像类的礼物。因为，沙特阿拉伯严禁崇拜偶像。第四，递送礼物时，一定要用右手。因为，沙特阿拉伯人认为左手是肮脏的。第五，千万不要给沙特阿拉伯人的妻子送礼物。因为宗教缘故，对女性限制较多。

小贴士：禁止下国际象棋

在沙特阿拉伯，禁止老百姓下国际象棋。他们认为按照国际象棋的规则，车、马、象，甚至兵卒等，都可以进攻并消灭国王和王后。这其中有煽动作用，故严禁下国际象棋。

下国际象棋——被沙特阿拉伯禁止的娱乐

在沙特阿拉伯人家喝咖啡要注意些什么

在沙特阿拉伯，人们习惯用咖啡招待客人。而且喝咖啡时最好是一饮而尽。因为在他们的传统习俗中，这样才是有礼貌的表现。咖啡喝完后，如还想继续喝，只需用拇指和食指捏住杯子不动，对方便会明白，给你再倒；如不想再喝，可以将杯子左右摇动一下，这样对方即可会意，不会再给你添加。

沙特咖啡壶

沙特阿拉伯人崇尚的颜色和图案有什么

沙特阿拉伯人崇尚白色、绿色，认为白色是圣洁的颜色。所以，平常沙特阿拉伯人不管是身上还是头上都以白色为主。而绿色代表着生命之色，同时又是伊斯兰的象征。他们在图案方面忌用十字架、六角星等，喜欢宝剑图案。

沙特国徽

小贴士：国徽

沙特阿拉伯国徽底色呈绿色。图案上由两把交叉着的宝刀和一颗枣椰树组成。绿色是伊斯兰国家喜爱的颜色。宝刀象征圣战和武力，象征捍卫宗教信仰和保卫祖国的决心和意志；枣椰树代表农业，象征沙漠中的绿洲。

土耳其

去土耳其旅游需要带四季的服装吗

土耳其国土三面临海，海岸线长达 8333 公里。其气候因地区不同而呈现差异较大，黑海沿岸地区为温带气候，内陆地区为大陆性气候，爱琴海和地中海沿岸为地中海气候，地域间温差较大。如在安纳托利亚高原地带，午间气温较热，早晚气温相对较凉，需要携带御寒衣物。而在人口稠密的爱琴海、地中海地区，气候宜人，较为舒适。因此，在土耳其境内旅行，四季服装皆须携带。

伊斯坦布尔的耶尼清真寺

小贴士：著名景点

土耳其拥有世界七大奇迹中的两个：阿台缪斯神庙和毛瑟陆斯陵墓。此外，东罗马帝国和奥斯曼帝国时代留下的建筑遗迹也是世界建筑艺术的珍品。亚洛瓦温泉和库什湖是世界著名的旅游胜地。

土耳其苏丹

土耳其人穿衣有什么讲究

土耳其人传统服装为：男性头戴高筒帽，身穿长袍与灯笼裤。女性身穿黑袍与灯笼裤，面罩黑纱。如今，这种传统的穿着打扮方式，随着土耳其社会的发展在日常生活中已不多见。现在土耳其男性大都上穿西装，下穿灯笼裤。女性则穿鲜艳上衣，下穿花哨的灯笼裤。如今的土耳其女性除在进入清真寺做礼拜时全身包裹外，日常已不再面罩黑纱了。

与土耳其人交谈要注意些什么

土耳其人民族自尊心很强,所以,在与他们交谈时需要注意的事项较多,以免引起不快。总结起来主要有以下几点:第一,忌谈政治问题。土耳其人在日常生活中非常忌讳谈论政治问题,认为那是政府的事情,普通民众最好不要谈论。第二,忌谈民族问题。在土耳其,民众都认为除土耳其族之外,其他少数民族都是“人种集团”,而不是独立的民族。第三,忌谈宗教问题。宗教关乎信仰,所以最好少谈论,以免失言,引起不必要的麻烦。第四,忌谈军事问题。在土耳其,军事管控很严格,而且军人的地位历来极高。所以,尽量不要谈及。

另外,在与土耳其人交谈时,如果能够讲一些土耳其语,对方会十分高兴。交往中尽量不要使用左手,否则,会被视为侮辱对方。此外,男女在公共场合举止不要过分亲昵,否则,会被认为是一种伤风败俗的行径。

小贴士:语言

土耳其的官方语言是土耳其语,土耳其语和我国的维吾尔族语比较接近。不过,英语在土耳其比较普及,特别是大中城市。

在土耳其住酒店需要注意哪些事项

土耳其的酒店出于环保原因,不提供牙刷、牙膏、拖鞋、电热水瓶等物品,建议自带拖鞋和牙具等一次性物品。酒店内自来水不可直接饮用,且没有热水供应。饮水可购买瓶装水或自带烧水电器。如需使用电吹风或其他电器,亦需自行携带。在酒店房间内拨打长途或市内电话,饮用冰箱内饮料、酒水,收看付费电视频道等,都需额外付费。土耳其酒店电压为220伏特,插头为两角圆形插头,请携带转换插头。酒店内的落地烟灰缸也不适合吐痰,请自备卫生纸。酒店中请勿穿着睡衣走出房间及穿拖鞋进入餐厅、酒吧等场所,且不可大声喧哗,以免影响其他客人。

土耳其纸币

小贴士:小费

一般酒店及餐厅需支付消费额的5%~10%作为小费;机场或酒店的行李搬运员的小费可按照每件约1美金给付;酒店房间服务员的小费,可按照每天每人1~2美金给小费;出租车司机一般不用给小费。

土耳其人在饮食方面有哪些禁忌

土耳其素有“美食国度”之称，因此，其餐饮业极其发达。土耳其与中国、法国被认为是世界三大美食国度。也正因如此，土耳其人很乐意邀请别人品尝本国的美味佳肴。不过，在日常饮食中，土耳其人还是有一些禁忌的。一般来讲，土耳其人不太爱吃咸的东西，而喜食甜食。主食以面食为主，也喜爱吃大饼、大米，但大米主要被用来制作羊肉大米汤这款菜肴。忌食的东西主要有猪肉、狗肉、驴肉、骡肉、甲鱼、乌龟、螃蟹、死物之肉、未诵安拉之名宰杀之物、动物的血液等。由于土耳其禁酒，所以，饮料主要以凉开水、牛奶、咖啡与红茶为主。

土耳其烤肉

小贴士：土耳其烤肉

到土耳其旅游，就不得不提烤肉。壮观的烤肉柱、四处飘溢的香气充满了土耳其的大街小巷、商场、饭店、车站、游乐场所、居民区等，不失为欧美街头一道亮丽的风景线。其经久不衰的火暴场面令人叹为观止，流连忘返。土耳其烤肉在全球都占有一席之地，主要分为转烤、二烤、串烤和阿达纳烤肉等。

独特的土耳其咖啡有哪些喝法

说到咖啡，就不能不提土耳其咖啡。由于土耳其咖啡保留原味，工艺独特，所以，深受各国人士的喜爱。土耳其人喝咖啡，是不滤残渣的。由于咖啡磨得非常细，所以，在品尝时大部分的咖啡粉渣都会沉淀在杯子的最下面。不过在喝时，还是能够喝到一些细微的咖啡粉末，这也是喝土耳其咖啡的一大乐趣。土耳其人，尤其是女性喝咖啡，还有另外一种独特的喝法。她们喜欢用喝剩的咖啡渣来占卜当日运势，做法是将咖啡渣倒入盘中，查看留

传统的土耳其咖啡

下的水痕印迹来算命。虽不一定灵验，但至少给喝咖啡增添了几分神秘的情调，有机会可亲自体验一下。另外，据说土耳其咖啡渣还具有医疗效果，可以用来除臭、杀菌、防腐等。

小贴士：土耳其咖啡谚语

"喝你一杯土耳其咖啡，记你友谊四十年。"

土耳其人是在浴室里选新娘吗

土耳其浴的历史可以追溯到古罗马时代，经过历史的更迭，逐渐形成了今天独具特色的土耳其浴。在土耳其，浴室不仅仅是清洁皮肤的地方，还是人们日常交际的重要场所，有时甚至连婚姻大事也会在浴室里决定。土耳其人在闲暇时间，喜欢叫上亲人或朋友洗土耳其浴，在浴室等待搓澡和按摩的时候，边排队边聊天，聊到高兴的时候还会唱歌、跳舞。而那些未来的婆婆们更是把浴室当成挑选媳妇的好地方。原来旧时，信奉伊斯兰教的土耳其女子平时除了用头巾包住头和脸部外，还穿着厚实的长袍，外人无法看清女子的长相和身材。这样一来，土耳其浴室就成了未来婆婆挑选儿媳的重要场所。一般来说，未来婆婆会在媒人的陪同下邀请未来儿媳一同沐浴。在浴室里，未来婆婆不仅要看儿媳的长相和身材，还要看她的骨盆，骨盆大的女子才能给家里带来多子多福的好运。而如今的土耳其，男女多是自由恋爱，未来婆婆到浴室里选新娘的做法有但已不再常见。

土耳其传统木屋浴室

小贴士：著名土耳其浴池

恰阿奥卢浴室，位于伊斯坦布尔老城区内，是土耳其最著名的浴室，据说建于1714年。19世纪英国画家汤姆斯阿隆曾来此游历，绘制了大名鼎鼎的《恰阿奥卢浴室》铜版画。此后，阿隆的铜版画流传到欧洲各国，恰阿奥卢浴室也成为土耳其浴的象征。

土耳其人对颜色、图案、数字有什么禁忌

色彩方面，土耳其人喜欢绿色、白色和绯红色，认为这些色彩象征积极向上。他们不喜欢黄色与紫色，因为这些色彩大多与死亡有关。另外，土耳其人忌用花色，认为花色是凶兆之色，万万不可以用其装饰房间。图案方面，土耳其人对于骆驼及其图案非常欣赏。但是忌讳猪、猫、熊猫及其图案。数字方面，土耳其人非常忌讳"13"这个数字，认为它不吉利，预示灾难和厄运，所以，人们在日常生活中都极力地回避"13"。

小贴士：国旗

土耳其国旗呈长方形，长宽之比为3：2。旗面为红色，旗杆一侧有一弯白色新月和一颗白色五角星。红色代表鲜血、胜利；新月和星寓意驱走黑暗、迎来光明，也象征幸福、吉祥。

土耳其国旗

科威特

在科威特参观清真寺要注意些什么

科威特是传统的伊斯兰国家，伊斯兰教为国教，信众多为逊尼派。伊斯兰教法渗透于科威特社会生活的各个方面，并影响着人们的日常生活。科威特清真寺众多，平均每1000人就有一座清真寺。游客在参观清真寺时一定要尊重科威特人的宗教信仰，不可做出有违伊斯兰教法的举动。第一，进入寺庙要脱鞋，穿鞋不得入内；第二，穿着须整洁、肃穆，男性不可穿背心、短裤，女性不可穿短裙，不得露出双腿及脚踝；第三，不可大声喧哗，也不要随便拍照；第四，不要随意触摸寺内物品。

小贴士：科威特城清真大寺

该寺位于市中心，建于 1994 年，精致豪华，可容纳万人礼拜。其附属的女子礼拜殿容纳千人。大殿圆顶高 43 米，有 144 个采光的窗户，室内 72 根柱子，21 扇大门，外表用大理石和彩色瓷砖，饰以优美的阿拉伯文书法经文，金碧辉煌，富丽堂皇，据说经过六年精细雕琢才建成。科威特城大清真寺被各国来访的客人评为“阿拉伯世界的最新伊斯兰艺术杰作”。

科威特开斋节期间的彩色灯笼

科威特人见面如何打招呼

科威特男性之间见面一般行拥抱和亲吻礼，但身份不同所采取的表达方式也各异。朋友间见面要相互亲吻对方的左右面颊，顺序为右、左、右三下，且亲吻时要发出一定声音，以显示相见的激动和亲密；家庭成员间见面，直接相互亲吻对方的前额即可。异性之间的见面礼节一般为点头致意。如果不得不同男性握手的话，女性则会撩起自己的衣袍一角包住手，同男性礼节性地握手，避免皮肤的直接接触。

科威特摩天大楼

小贴士：无鞠躬礼

在科威特，没有鞠躬这一礼节，这是为什么呢？原来，科威特的穆斯林认为，人只能向安拉鞠躬、低头。因而，鞠躬礼在科威特就不存在了。

去科威特人家做客要注意些什么

科威特美食——甜点

去科威特人家做客，应按约准时到达，迟到或早到都是没礼貌的。见面后，男主人会同客人握手、拥抱和亲吻，以表示关系亲密，这在科威特是最高的待客礼仪。女主人在家里一般是不见男客的。客人进入室内后，要主动问候主人家中的每个人，如有子女在场，也要主动与他们握手。对于家中饲养的猫、鹰等宠物，不要显示出害怕、厌恶的表情，更不要用脚踢这些动物。落座后，主人会送上红茶及咖啡，这时要双手接过，并说："谢谢"，而且要尽量喝掉。交谈中要使用礼貌用语，如"谢谢"、"打搅"等，说话时不要用手指指人，且不可唾沫四溅，言语要得体大方。

小贴士：饮食

鱼在科威特人的生活中占有重要地位，祖贝德鱼最受他们的欢迎。他们也很喜欢吃中餐。用餐习惯席地而坐，用手抓饭吃。禁食猪肉及动物内脏；忌讳谈论猪，也忌讳使用猪制品。

科威特人有哪些日常禁忌

科威特人禁酒和麻醉品，贩卖者最高可判死刑；禁食猪肉和猪肉制品，禁用猪革制品；禁食死肉（非宰杀）和血；斋月期间禁止在公众场合抽烟、饮水和进食，违者拘禁至月终为止；忌讳左手递送东西或食物；忌讳初次相见就送礼，尤其忌送酒或女人照片为礼物；忌讳有人把脚掌朝向他们，认为这是一种侮辱行为；忌讳提与中东有争议的话题；禁止西方保险品种，如人身险和人寿险等。

科威特国旗

伊拉克

伊拉克人有怎样的饮食习俗

伊拉克的阿拉丁神灯

伊拉克人喜欢吃烤饼，吃的时候多会夹些肉和菜，一般为牛肉和黄瓜。他们还钟情于烤鲜鱼，特别是在首都巴格达，人们在吃烤鱼时常佐以辣椒和西红柿沙拉。在伊拉克人的餐桌上一般是看不到用餐工具的，只有水杯和盘子等食具，因为，他们吃饭是以右手抓取的。并且，他们忌讳用左手传递东西或食物，认为左手是肮脏的，用其传递东西或食物，是一种污辱行为。伊拉克人吃饭，要求菜肴必须熟透，否则不吃，认为这有违他们的饮食习俗。忌讳客人餐毕不及时洗手便告辞，忌讳用餐拖延或迟迟不走，认为这是贪吃和不礼貌的表现。另外，饮料方面，伊拉克人爱喝牛奶，但喝时更愿意再加些羊奶，认为这样才是上等的饮料。

小贴士：伊拉克烤鱼

伊拉克人吃鱼似乎只有烤。底格里斯河的鱼又肥又大，是伊拉克人做烤鱼的最佳选择。其做法是先把鱼弄干净，不刮鱼鳞，架在火堆旁烤；等烤得差不多了，再把鱼放在铁盘子里浇上酱汁，加上西红柿、洋葱片就可以了。来伊拉克旅游，一定要品尝一下烤鱼的美味，否则是一大遗憾。

伊拉克人有什么颜色、图案和数字的禁忌

伊拉克人喜爱绿色，因为绿色代表伊斯兰教，但橄榄绿在商业上是禁止使用的。忌讳黑色、蓝色，认为黑色是悲伤的色彩，会带来不幸，且多用于丧葬；而蓝色则是魔鬼的象征。伊拉克人还忌讳星星的图案，因为这是他们不喜欢的国家以色列国旗上的图案。喜爱雄鹰的图案，认为鹰是力量和智慧的象征。忌讳“13”这个数字，认为它会带来厄运和灾难。

伊拉克国旗

伊 朗

伊朗人的见面礼节有什么讲究

伊朗人十分注重礼节，但等级观念较深，在见面礼节上体现得比较清晰。如身份、地位相同，他们会以互吻嘴唇为礼；身份稍差，会以吻面颊为礼；身份、地位差距悬殊，则以一方的俯拜为礼。此外，如果是与商务伙伴或者政府人员见面，他们习惯在对方的姓前加上职务头衔，以示尊重。

伊朗国旗

小贴士：社交礼节

伊朗人见面打招呼一般说“SALAM（你好）”，称呼多用“先生”、“夫人”、“小姐”等，以示礼貌。男士不可主动与伊朗女士握手，女士也不应主动与伊朗男士握手。

在伊朗从事商务活动应注意什么

在伊朗，进行商务见面或拜访时，递交名片是必要的，而名片最好用波斯文，其次可用英文。伊朗商人很讲究礼节，按照伊朗的礼俗，每年的4～9月，天气炎热，穿衬衫，打领带即可，其他时间宜穿保守式样的西装。根据当地的商业习惯，拜访需要提前预约，并且约见时一定要准时。在会谈中，伊朗人不习惯直截了当地谈话，他们对事情也不会立刻给予答复，往往需要很长的思考时间。因此，与伊朗人做生意是需要相当有耐心的。即便如此，不要灰心。这样经过不屈不挠的几次谈判后，最终会达成双方满意的结果。

伊朗纸币

小贴士：交谈禁忌

伊朗人不喜欢与外国人有身体上的密切接触，与伊朗人交谈时，应保持一定的距离。初次接触时不要过问伊朗政治或对方经历、家庭情况和其他私事。

在伊朗旅行，需要注意哪些事项

伊朗人信奉伊斯兰教，在伊朗观光旅行要入乡随俗，不要有冒犯伊斯兰教的言行。在参观伊斯兰教堂时，一定要脱鞋。男性不可穿短裤、背心。女性衣着不宜太暴露，不能穿迷你裙，衣袖不可短到露肩或露出腋下。伊朗禁酒，同时也不允许携带含有酒精的饮料。在伊朗，说话时不要用食指指向

伊朗清真寺

别人，这被认为是很不礼貌的行为。另外，伊朗人忌讳在公共场合大声喧哗，因为会影响到别人；忌讳用左手递送物品，认为左手是肮脏的，用左手是对别人的侮辱；忌讳乘坐公共汽车时男女邻座。一般而言男性坐前部，女性坐后部。忌讳用手触摸小孩头部，更不要谈论他的眼睛，因为伊朗认为碰触头部和谈论眼睛会给小孩带来厄运。忌在别人面前伸大拇指，因为这代表辱骂。忌背对别人坐，这被视为不礼貌行为。忌黄昏时吃饭没盐，向邻居取借。不许在别人面前打呵欠、打嗝。出门时，先迈出左脚，不迈右脚；忌数字 13，遇到 13 应读成 12 加上。

小贴士：社会治安

伊朗国内治安情况较好，大多数地区是安全的，但游客遭到入室抢劫、盗窃或在行走时被飞车贼掠走钱物的情况也时有发生。所以，外出时一定要保管好自己的财物，勿随身携带大量现金，不要显露财富。

伊朗人在饮食上有哪些禁忌

伊朗人的饮食习俗独具民族特色，他们主食爱吃面食、米饭。口味一般偏爱清淡、微辣，讲究菜肴量少质精，注重色香味形。忌食猪肉、自死物、无鳞鱼、动物血液以及未诵真主之名而宰杀的动物。禁酒，忌食猪肉。穆斯林斋月期间，即使非穆斯林也不能白天在公开场合吃东西、喝水或吸烟。另外，在宗教节日，伊朗人忌食能产生异味的东西，如大蒜、葱等，他们认为节日里吃这些是不吉利的，会带来灾难。

伊朗美食——甜点

小贴士：餐饮

在伊朗，用餐为清真餐，无猪肉，无酒精饮品，商店也不提供酒精饮品。

阿联酋

出入境阿联酋有哪些注意事项

入境阿联酋要填写入境卡，交给入境检查处，在核对护照和入境签证无误后，入境检查处会在护照上加盖入境章，然后放行入境。入境时严禁私自携带毒品、武器、色情书刊、光盘、录像带、去痛片等违禁品或需特批的物品。根据阿联酋海关规定，入境旅客每人可免税携带2瓶白酒或两箱啤酒，2000支香烟，400支雪茄，2公斤烟草。来自霍乱和污染疫区的旅客，禁止携带蔬菜、水果及养殖的珍珠。旅客出入境携带的货币金额不受限制，大额现金需申报。出境必须在签证规定停留的天数内离开，如超过签证允许的停留天数，超过1天要罚款28美元。出境时，须填写出境卡，与护照一并交给出境处，经核查无误后，在护照上加盖出境章，放行出境。

阿联酋纸币

小贴士：小费

阿联酋多数酒店和餐厅会在账单上加收10%～16%的服务费，因此不用付小费。如果账单没有包括小费，就要付账单的10%作为小费。出租车司机、机场行礼员、清洗工等通常付2迪拉姆小费。

阿联酋的气候怎样，旅游时应如何着装

阿联酋属热带沙漠气候，阳光普照，蓝天、烈日是阿联酋的气候特征。全年只有两个季节——夏季和冬季。夏季(5～10月)炎热潮湿，冬季(11月至翌年4月)凉爽宜人。偶有大风或沙尘暴，全年降水量约100毫米，多集中在冬季。而其

中 7～8 月份最热，温度持续在 40℃以上，是旅游淡季。每年的 11 月至翌年的 4 月这几个月份中，夜里比较凉爽，尤其是 12 月、1 月和 2 月非常凉爽，平均温度在 24℃左右，并伴有降雨。夜里的温度低于 13℃，是旅游的黄金季节。

穿衣方面：夏季旅行着装应以轻薄、凉爽、透气为主，冬季应以稍厚实面料衣服为宜。出席商务活动应穿套装或正装。女性穿衣应避免太露，忌穿太短或低胸的衣物。

小贴士：户外防护

在阿联酋旅游最大的威胁就是被日光晒伤和脱水。夏季的阳光非常强烈，在户外活动时要穿长袖衣服，戴帽子，暴露部位要抹防晒霜，多饮水。

阿联酋沙漠中的漂亮美女

在阿联酋旅行应注意什么

阿联酋是伊斯兰国家，信奉伊斯兰教，较其他阿拉伯国家开放许多，对外国人在阿联酋的旅行并没有太多的限制，超市也可以买到猪肉及其制品。但值得注意的是，在旅行中如果与当地男性交谈，不能主动问及其夫人的情况。与女性不能长时间单独交谈，更不能未经允许给她们拍照。阿联酋穆斯林每天必须做 5 次礼拜，在其做礼拜时，不要与其谈话，更不能开玩笑。因为他们认为做礼拜是一件十分严肃的事情。在阿联酋，女性要注意穿着，尽量穿长袖上衣和长裤，勿穿暴露服装。饮酒只能在寓所或饭店的客房内进行，其他任何公共场所均不许喝酒。另外，阿联酋严禁酒后驾驶。如果开车外出，记得车内最好也不要携带含酒精的饮料。在阿联酋斋月期间，日

迪拜夜景

出后和日落前，不许在公共场所喝水、吸烟、吃东西，而且当地绝大多数的餐馆和饮品店在这个时期也会关门停业。

小贴士：签证

阿联酋签证共4种，分别是访问签证、旅游签证、工作签证和过境签证。访问签证又分为1个月签证和3个月签证两种，可分别办延长手续，延长期分别为1个月和90天。旅游签证为1个月，不得延期，到期必须离境，否则处以罚款。工作签证为3年，但必须由担保公司或担保人办理。凡在阿联酋作短暂停留去第三国的旅客，可申请当地96小时的过境签证(须有去第三国的机票、签证及有效证件，入住航空公司指定的饭店，费用在30美元左右)。

阿联酋人有哪些日常禁忌

阿联酋人信奉伊斯兰教。他们忌食猪肉，禁止饮酒。忌讳粉红、黄、紫色，喜爱棕色、深蓝色。忌讳猪、十字架及六角形图案。

小贴士：国旗

阿联酋国旗由红、绿、白、黑四色组成，代表穆罕默德后代的几个王朝。旗面近旗杆一侧为红色竖长方形，右侧为三个平行相等的横长方形，绿、白、黑三色分居上、中、下。红色象征祖国，绿色寓意牧场，白色比喻祖国的成就，黑色意味战斗。

阿联酋国旗

在阿联酋哪些东西值得购买

阿联酋地处中东地区，石油资源丰富，人均年收入达到两万美金以上，因此，很多世界名牌在此均有销售。由于在阿联酋购物是免税的，所以，在这里购买心仪的名牌非常划算。这里的免税店24小时营业，规模在全球也名列前茅。来阿联酋旅游，如果不购买几样心仪的商品，你一定会遗憾此行。首先，最值得购买的是黄金饰品。在阿联酋有很多黄金店铺，橱窗里挂满了手镯、项链、戒指等饰品。在这里,购买黄金饰品是以克计价,不收设计、工艺费,所以价格相当合理。其次,就是椰枣。椰枣是阿拉伯民族早期赖以生存的最原始的食品。据现代科技分析,它具有人体所需的绝大部分营养,包括7种以上维生素,具有抗癌的功效。一个人每天食用6个椰枣就能生存。第三,就是地毯。波斯地毯在做工上是非常考究的,不仅美观而且耐用。所以,波斯地毯小有名气。它充满异域风情,不失为家居装饰的上等材料。另外,匕首、皮革制品、铜制品等也非常值得购买,样样物有所值。

阿联酋机场免税店

小贴士:购物

由于阿联酋推行低进口税及无销售税,所以,世界名牌商品在这里应有尽有。迪拜被称为中东的购物天堂,由于免税,世界名牌在这里的价格非常划算。迪拜机场的免税商店24小时营业,其规模在全球免税店中名列前茅。

阿塞拜疆

阿塞拜疆人的见面礼仪有哪些讲究

阿塞拜疆民俗舞

阿塞拜疆人性格直爽、热情诚恳,十分讲究礼貌。在社交场合与客人相见时,多以握手为礼。好友相见时,一般以右手按胸施30°鞠躬礼,同时道以祝愿的话,然后行握手礼,之后再施吻礼,互吻手背。一般家庭成员间见面时多施吻礼,晚辈要吻长辈的手背,长辈回吻晚辈的额头或眼睛。

小贴士：商务习俗

宴请阿方客人时忌上猪肉；他们大多好饮酒，但不酗酒。如果你能喝些酒，会有益于与他们交往；可学上几句如“撒拉姆”（您好）、“撒乌”（谢谢，再见）等阿语，以增进友谊；可送上中国的陶瓷或丝绸等礼物，他们定会高兴。记住，他们的时间观念不强、效率不高。

阿塞拜疆人有哪些日常禁忌

阿塞拜疆人喜爱红色、绿色，认为红色是积极向上的色彩，会给人带来鼓励和力量。绿色是吉祥的色彩，能够带来好运。忌讳黑色，认为黑色是不吉祥的色彩，会带来厄运；忌讳用左手递送食物或东西，认为左手肮脏，使用左手递物是一种侮辱行为；忌讳在公众场合挖鼻孔、掏耳朵、擤鼻涕等动作，认为这是非常不礼貌的举动；忌讳数字“13”，认为它是厄运的数字，会带来灾难。饮食中，阿塞拜疆人禁食猪肉、驴肉、狗肉、自死动物肉和动物血液等伊斯兰教忌食食物。

阿塞拜疆国旗

阿　曼

阿曼人见面如何行礼

阿曼人与客人见面时一般要先互致问候，然后再行握手礼或亲吻礼。但亲吻礼一般仅限于同性，异性之间要行握手礼。亲吻礼就是在拥抱的同时相互亲吻面颊3次。长辈对未成年的男女儿童都行吻礼，一般只吻孩子的额头。有时为表示热情，也可以吻双颊，并要发出亲吻的声音。

小贴士：名字

阿曼人多为阿拉伯人，他们的名字都是按习惯继承祖辈的名字，因此他们的全名都记载着父名和族名。

阿曼国旗

在阿曼有哪些日常禁忌

阿曼是伊斯兰教国家，穆斯林禁止吃猪肉和饮酒，不允许有侮辱国王的行为，如污损国王的肖像画或雕塑及发表批评国王的言论等。否则，会被判不敬之罪，受到严厉的惩罚。在阿曼，女性穿着尽量不要太暴露。公众场合，男性不可斜视女性，并且不可主动与其握手，只可点头示意。和女性交谈时应保持适当距离，未经同意不要给女性拍照。严禁客人与女主人接触，阿曼人认为这是一种伤风败俗的行为。阿曼人禁止崇拜偶像，特别是人物塑像。另外，在伊斯兰教斋月期间，不允许在公共场所吃东西、喝水、吸烟等。

阿曼清真寺夜景

小贴士：烤驼羔

阿曼人非常喜欢当地著名食品“烤驼羔”。具体做法是掏尽驼羔内脏，在其肚内塞进一只羔羊，羔羊的净肚内再塞一只鸡，鸡的净肚内再塞进一只鸽子，然后加上各种调料烤制而成。他们常用这种又香又嫩的美味招待来访的贵宾。

在阿曼自驾游需要注意哪些事项

在阿曼，凡具有国际驾照者都可以开车。车辆都是靠右行驶。阿曼禁止酒后及在海岸边驾车。当地人普遍开车较快，需要特别留意。阿曼的主要城市路况还是不错的，但小的城市及城镇的街道不是很平坦，且坡道较多。另外，在郊外夜间行车时，一定要注意野骆驼和羊等动物的出没，以免发生意外。

巴　林

在巴林人家做客需要注意些什么

巴林人性格直爽，待人结友十分热情。他们在迎送宾客时，总乐于同客人并肩而行。为了表达亲密的情感，他们往往还要同来访客人拉着手一起走路。在巴林人家中做客，客人在饭桌上吃得越多，主人会越高兴。交谈中，如果客人夸奖或赞赏他们的某种东西时，他们一定会把受赞美的东西热情相送。若客人不接受，他们反而会生气并产生反感。

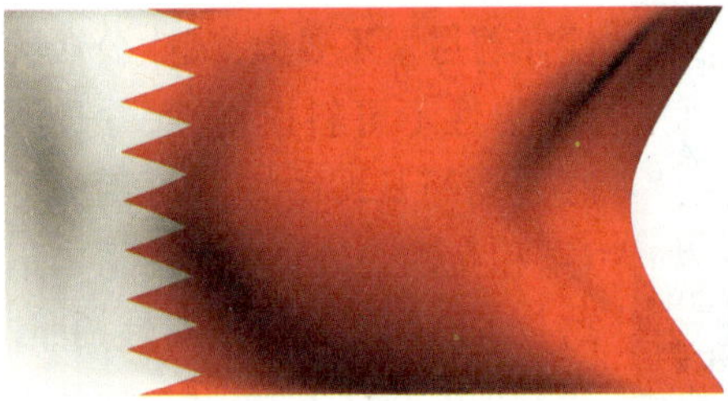
巴林国旗

小贴士：婚俗

在巴林，订婚法定的彩礼是一个金里拉。新娘通常用来购买首饰、衣服、香水和家庭用品等。他们结婚时，同村的小伙子们将新郎送到新娘家。新娘梳洗完毕后，被地毯卷起来，放在新郎房间的椅子上。随后，妇女们念道：“愿真主赐福给你！”接着，新郎揭开新娘的面纱，取下其头上的斗篷，双膝跪地，祈求真主赐福于未来。

与巴林人交往有哪些禁忌

巴林人绝大多数信奉伊斯兰教，极少数人信奉基督教和其他宗教。他们十分重视人际交往和礼仪。在社交活动中，男性要穿正装，女性穿着则以得体大方为宜，无须穿黑袍、戴头巾。与女性见面时，男性不宜主动行握手礼。巴林人忌讳

巴林清真寺

用左手传递东西或食物，认为左手是下贱之手。所以,用左手来递送东西或食物是极不礼貌的，有污辱人的意思。忌讳以酒、女性照片或女人雕塑作为礼品相赠，因为这是违反他们教规的。忌讳当众接吻,认为这种行为是轻浮的举动。若被发现轻则会罚款，重则还要被判刑。另外,巴林人不喜欢与人一起谈论有争议的中东政治问题。他们特别喜欢以猎鹰或马为闲聊谈论话题,因为这是他们非常喜爱的两种动物。

小贴士：时间观念

巴林人的时间观念较强。一般对约会都习惯遵守时间,有按时赴约的良好传统。

格鲁吉亚

格鲁吉亚人的社交礼仪是怎样的

格鲁吉亚人平时就很注重穿着仪表,在社交场合更是讲究。男士穿西装,打领带。女士穿着大方得体。他们在与客人相见时,一般都以握手为礼,习惯手握得紧紧的,并且目光要友好地注视对方。见面时一般称呼“先生”、“小姐”等,亲密朋友之间可直呼其名。他们在社交活动中喜欢送礼物，礼物多少、轻重没有过多讲究,但在接受礼物时,他们除用“谢谢”表达谢意之外,一般不喜欢过

格鲁吉亚纸币

多的客套。因为他们认为过多的客套是虚伪的表现。此外，格鲁吉亚的伊斯兰教教徒在为亲友或宾客送行时，常以两手交叉胸前，施 90°鞠躬礼，以表示他们对客人的敬重与惜别。

格鲁吉亚人有哪些日常禁忌

格鲁吉亚人大多信奉俄罗斯东正教，部分人信仰伊斯兰教，多属逊尼派。他们忌讳“13”这个数字，认为“13”是厄运的象征，是不吉利的数字；忌讳吃饭时发出声音，令人反感，认为这样有失文雅；忌讳在公众场合擤鼻涕、抠鼻孔、吐痰等举止，认为这些是有失礼貌的做法；忌讳黑色，尤其对黑猫更为讨厌，谁若见到都会感到懊丧。此外，格鲁吉亚的伊斯兰教徒禁食猪肉、狗肉、驴肉、骡肉等，也忌食一切自死的动物及动物血液。

格鲁吉亚国旗

小贴士：主要节日

格鲁吉亚属亚洲国家，其很多风俗习惯与中国相似，尊长爱幼、热情好客，婚丧嫁娶讲排场等，无特殊风俗和法规。国教为东正教。10 月 14 日为姆茨赫托巴节，11 月 23 日为圣乔治节。

卡塔尔

与卡塔尔人交往要注意哪些礼节

卡塔尔人信奉伊斯兰教，并以伊斯兰教为国教，与卡塔尔人交往要尊重他们的宗教信仰及习惯。卡塔尔人在社交场合与人相见时，一般习惯以握手为礼。在与亲朋好友相见时，要施亲吻礼，即亲吻对方的双颊，以示亲热。卡塔尔人在与人交谈时，有个很特别的习惯，爱用目光直视对方，并且目不转睛，认为这样才是对人的尊敬。此外，卡塔尔人时间观念不是很强，约会一般不会准时，而且乐于迟到一点到达，他们认为这是自己该有的礼节风度。

卡塔尔人的日常禁忌有哪些

卡塔尔人忌讳初次见面就送礼，尤其以酒或女人照片作为礼物，因为这是伊斯兰教所禁止的；忌讳用脚掌对着别人，认为这是一种带有侮辱性的动作；忌讳用左手递送食物或东西，认为左手是肮脏的。忌食猪肉、自死动物肉、动物血液等食物。忌饮烈性酒，禁烟，而且禁赌。非穆斯林不得进入清真寺，穆斯林进入则须净身、脱鞋，女性穆斯林进入还须身着黑色蒙面纱。忌女性同陌生男子接触，忌穿短衣短裙。忌女孩子出门裸露手脚，这被视为不雅行为。

卡塔尔风光

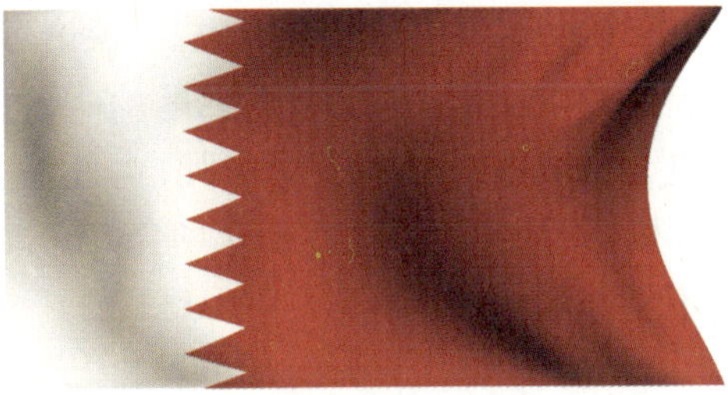

卡塔尔国旗

小贴士：性格

卡塔尔人殷勤好客，习惯以咖啡待客。无论是在办公场所还是在家里，第一件事是请客人喝咖啡。如果在家中待客，还要为客人熏香和洒香水。

在卡塔尔驾车要注意些什么

卡塔尔车辆靠右行驶，首都多哈市区多个路段设有电子监控系统，并有移动雷达测速设备，对违反交通规则者会进行严厉处罚。卡塔尔多沙丘和荒漠，地形较复杂，容易迷失方向，车辆容易陷在沙丘里，因此应避免单独驾车深入沙漠地带。

小贴士：治安

卡塔尔社会秩序稳定，治安状况良好，较少有各种犯罪行为。在卡塔尔发生意外可打报警电话999。

约 旦

与约旦人交往需要注意些什么

约旦人举止文雅，热情好客。在与其交谈过程中，眼睛要注视对方，不要移位。他们认为目光侧视或左顾右盼是对人的极大不尊重，是非常失礼的举动。他们还忌脚掌朝向人，认为这是对别人的侮辱；忌讳用左手递送食品或东西，认为左手是肮脏的，使用左手递物是对人的不尊敬。忌讳以酒作礼物送人，因为，伊斯兰教规禁止饮酒。忌讳触摸小孩的头，认为触摸会带来厄运。忌讳谈论有关政治、宗教以及妇女权力等的话题。在颜色上，约旦人忌黄色，认为黄色象征死亡。此外，在穆斯林斋月期间，忌讳在公众场合大吃大喝，也不宜抽烟。

约旦老人

小贴士：服饰

约旦服饰既有现代服饰西装等，又有民族服式长袍。农村人喜欢穿色彩、图案、形状各异的长袍和斗篷，头上包缠头巾。城市人的服饰趋向现代化。外国游客到约旦，夏季可穿轻便服装，冬天可穿毛衣。

单身女性去约旦旅行需要注意些什么

女性，尤其是单身女性去约旦旅行会遇到诸多不便。首先，女性办理入境签证审核比较严格，且办理程序较为复杂。其次，在约旦，对女性穿着有着较为严格的规定。一般不许穿袒胸露背和紧身的服装。另外，仪态、举止要小心谨慎，走

约旦纸币

路不可来去匆匆，要从容不迫，免得引来不必要的麻烦。还有，就是在有些地方住宿时，可能会被拒之门外。此外，最好不要佩戴有宗教意义的饰品，因为信仰不同，可能会引起当地人的反感。以上有些情况虽不是普遍现象，但也偶有发生。总体来说单身女性在约旦旅行是安全的，但也需防止意外发生。

小贴士：小费

在约旦，给小费是常事。给出租车司机的小费一般为车费的10%；餐馆里给服务员的小费一般为餐费的15%，但有些餐馆的小费包括在账单里；旅馆服务员的小费为房费的10%，而搬运行李小费一般按件给。

也　门

也门人有什么独特的待客礼仪

也门人既热情又礼貌，来客总要夹道欢迎。他们待客有个很独特的习惯，就是给客人熏香和喷香水。主要做法是把檀香木点燃，放进香笼里，然后请客人站起来，解开上衣下部的纽扣，把香笼贴近客人腹部，主人再用嘴吹檀香，使扑鼻的清香烟气熏蒸客人的身体。辞行前，主人还要用香水喷洒客人，用芳香味来表达友谊。

也门国花——咖啡

小贴士：国花

也门的国花为咖啡。

也门人见面行礼有哪些讲究

也门为阿拉伯国家，信奉伊斯兰教。也门人相见时，一般先互相致意问候，然后拥抱亲吻面颊一至三次，或者握手后互吻手背一两次，以表示对客人的尊敬。但，男性一般不主动与女性握手。也门还有个传统礼节就是吻足礼。晚辈拜望长辈，或即将出远门与长辈告别时，先以双手拥抱住对方，吻长辈的脸部，然后跪下再吻长辈的大腿、小腿，以至脚背。认为这样表示对长辈的尊敬和祝福。此外，摘帽邀请也是也门的一种礼仪。摘帽邀请，表示被要求者不要拒绝，一定要答应。如当邀请他人做客时，主人把帽子摘下来，表示被邀请者非去做客不可。

小贴士：女性衣着

在也门，女性穿着要相对保守一些，不要太露，以免引起当地人的反感。

也门人有哪些日常禁忌

也门人禁食猪肉、猪血，禁用猪制品，还忌食动物的内脏；禁用猪的图案，禁谈有关猪的话题；忌讳左手传递东西或食物，不爱吃红烩带汁的菜肴；禁酒，在宴会中从不备酒，习惯以凉开水代替；忌讳小女孩随便出门，妇女更不能随便上大街，也不能在大街上穿行，只能面戴黑纱，从僻静小巷穿行，更不能到繁华的公共场所。如果外出，必须在日落前回家，严禁夜晚迟归或不归。

也门国旗

阿富汗

阿富汗人在颜色、图案和数字方面有哪些喜恶

阿富汗人喜欢红色、绿色，最喜欢黑色，认为它是一种谦逊的颜色，并且象征着庄严和隆重；喜欢色彩绚丽、坚硬无比的青金石，将其定为国石；不喜

欢灰色与黄色。他们忌讳猪、狗图案；忌讳“13”与“39”，认为它们含有消极的含义。

小贴士：首饰

库齐(即游牧部落)妇女喜戴首饰，最平常的装饰品是宝石。首先是戴“柯尔”，一种围绕在脖子上五六层的豪华首饰；其次戴“班德”，一种粗大、很沉的手镯。

阿富汗玉手镯

阿富汗人有哪些日常禁忌

阿富汗国旗

向阿富汗人赠送礼品时，忌送酒类、雕塑、女人的照片、猪皮、猪鬃制品，带有猪、狗图案的东西；忌随意对妇女或住所进行拍照或摄像；忌在斋月期间打扰当地人；忌以左手触摸人，忌边走边谈、滥发脾气；忌谈宗教、战争、疾病、男女关系等话题；禁止邮寄烟灰缸和通心粉。

叙利亚

叙利亚有哪些日常禁忌

叙利亚多数人信奉伊斯兰教，一部分人信奉基督教。他们忌讳黄色，认为其代表死亡；忌讳送他们带有星星图案的礼品，因为对手以色列国旗中也有星星；忌讳左手传递东西或食物；忌抱着胳膊或把手插在衣兜里跟他们谈话；忌讳

"13"；忌谈中东的政治和国际石油问题；忌讳以酒或女人照片之类的东西为礼；伊斯兰教徒禁食猪肉和使用猪制品；忌食狗肉、猫肉、驴肉、马肉、蛇肉以及其他猛兽的肉。

小贴士：颜色

他们一般厚爱绿色，视绿色为吉祥的色彩，认为它能给人们带来美好和幸福；对青、蓝和深红色感情较深，认为它们都是积极向上的色彩。

叙利亚大马士革清真寺

吉尔吉斯斯坦

为什么吉尔吉斯斯坦人爱戴帽子

吉尔吉斯斯坦人非常重视衣帽。他们认为，随便抛掷帽子，或拿错帽子以及走路不戴帽子都是很不礼貌的行为，会遭到其他人的责备。因此，吉尔吉斯斯坦人平时很爱戴帽子。

吉尔吉斯斯坦白色毡帽

小贴士：衣着

吉尔吉斯斯坦属沙漠型气候，在夏日晚间相对较凉，因此旅游时需带能挡风寒的衣物。白天，对付阳光普照的酷热天气，要靠遮阳帽、防晒霜及太阳镜。

吉尔吉斯斯坦人有哪些饮食禁忌

吉尔吉斯斯坦风光

吉尔吉斯斯坦人的饮食习惯与其他中亚国家的饮食习惯大体相似。但，其口味偏重，不忌油腻，并且爱吃辛辣之物。主食以面食为主，大米为辅。副食比较喜爱吃肉，且比较爱吃羊肉、牛肉和鸡肉。其中的“代表作”有烤全羊、手抓肉、烧牛肉等。爱吃的蔬菜，则主要有西红柿、黄瓜、土豆、胡萝卜和卷心菜。通常他们在用餐时，习惯用右手取食。吉尔吉斯斯坦人的饮料有奶茶、酸奶、马奶等。用砖茶加奶烹煮而成的奶茶，是最受其欢迎的。

吉尔吉斯斯坦人忌食猪肉，忌食自死之物、动物的血和未诵安拉之名宰杀之物，忌饮酒。其他的人，一般不吃狗肉、驴肉、螺肉、海参、海蜇和乌贼。

吉尔吉斯斯坦人有什么日常禁忌

吉尔吉斯斯坦人大多信奉伊斯兰教，多属逊尼派。他们忌讳用手指点着别人说三道四，认为这是有意污辱人的举止；忌讳用左手传递东西或食物，认为左手是肮脏的，用左手是无礼的表示；忌讳当众挖鼻孔、掏耳朵、剔牙等举动，认为这些都是令人作呕和不礼貌的举止；忌讳黑色，认为黑色是死亡和丧葬的色彩；忌讳送花，更忌送单数，认为送单数是不吉利的表示。

吉尔吉斯斯坦纸币

小贴士：吉尔吉斯斯坦人性格

吉尔吉斯斯坦人喜欢结交朋友，对人诚恳、有礼，言谈爽快耿直。他们在“牧羊人节”、“丰收节”、“开斋节”等喜欢赛马、驾鹰打猎等活动。他们很喜欢马，视马为吉祥的象征；也偏爱绿色，并视其为生命之色。

乌兹别克斯坦

乌兹别克斯坦有哪些日常禁忌

乌兹别克人大多信奉伊斯兰教，多属逊尼派。他们忌讳左手传递东西或食物；忌讳妇女撩裙而坐；忌讳黑色，认为黑色是丧葬的色彩；禁食猪肉、骡肉、驴肉、狗肉，也忌讳食用自死的动物肉和血液；吃饭时严禁脱帽，忌嗅闻食物或挑挑拣拣、擦摸食物；忌将完整的馕送往口中，必须将其掰成小块吃。饭前、饭后先用洗手壶和接水盆洗手，洗后只能用毛巾擦，切忌乱甩。家中只有青壮年妇女时，忌外人进家。忌随便进入新婚夫妻居室。忌穿暴露服装出现在公众前。忌穆斯林做礼拜时高声喧哗，或在其周围走动。忌在寺院、墓地、水源附近倾倒污物或洗涤衣物。忌与人交谈时打嗝、咳嗽、吐痰等。

乌兹别克斯坦国旗

哈萨克斯坦

哈萨克斯坦有哪些日常禁忌

哈萨克斯坦人多信奉伊斯兰教，部分信奉俄罗斯东正教。他们忌讳与人谈话时脱帽；忌讳别人当面赞美他们的孩子和牲畜，认为这会带来不祥之兆；忌讳用手指或用棍棒比画清点人数；忌讳用左手待客服务；做礼拜时忌讳别人从面前通过；忌讳有人用脚踢羊和用脚踏食盐及其他动物；厌恶黑色，认为黑色是丧葬的色彩；禁食猪肉、骡肉、驴肉和动物血及一切自死的动物；也不吃原条鱼。

猫头鹰

小贴士：猫头鹰

哈萨克斯坦人格外偏爱猫头鹰，将其看成一种益鸟，并把它当做勇敢坚定、一往无前的象征。另外，他们还常用其作为珍贵的物品和装饰品。

欧洲旅游区

英　国

在英国餐厅用餐要注意什么

在英国，进入餐厅后，要先站在门口等待服务员领位。如果直接走到桌位上，会遭到服务员鄙视。点餐时，服务员将菜单交给客人后便会离开，直到客人合上菜单，才会再过来。如果不合上，那服务员便一直不过来。

英国纸币

小贴士：小费

英国人有付小费的习惯。用餐时，如果小费未包含在账单中，应付账单数额10%～15%；如果搭乘出租车，要付车费的10%～15%；至于搬运费，通常每件行李50～75便士；影剧院、加油站等场所不用付小费。

在英国人家聚餐要注意什么

英国人请客，饭菜通常比较简单，可是吃饭的规矩却很多。吃饭前，身体要坐直，吃饭时不可以兴奋地和别人不停交谈。每餐一般只上一道主菜和色拉，最后一道是甜食。如果客人觉得还想吃，可夸赞女主人的手艺，并再要一些。通常女主人会多加一份菜，但不可能再多加。

餐桌上不可抽烟，吃东西时不可弄出声响，否则会被认为不懂规矩。喝汤时，要用匙的一侧由汤盆从里向外舀，切忌用匙头直接舀。喝到最后，不可端起汤盆喝剩余的汤。汤匙应放在汤盆的托碟上，忌放入汤盆中。

英国美味早餐

吃完饭，客人要将餐巾放在餐桌上，然后再起身。起身时，男士要帮女士挪开椅子。如果主人留客人再吃一顿饭，餐巾需要按先前的折痕折好。餐后，客人一般要与主人坐上一两个小时，然后再向主人道别。另外，第二天要发一封信函给主人致谢，并随附一件小礼品，如一盒巧克力或一些鲜花等，以示礼貌。

英国人在穿着上有什么讲究

英国人对于穿着比较讲究，会客、拜访或参加酒会、宴会、晚会时都会穿西装打领带。即便夏天，只穿短袖衬衫，也必须打领带。另外，前往英国旅游或工作的男士要注意：在英国，男士穿凉鞋一般是在海滨或者闲居在家。会见客人或到朋友家做客千万别穿，否则会被视为没有礼貌。

英国男式新郎装

与英国人交谈要注意什么

英国女王伊丽莎白一世

与英国人交谈，切忌用“英吉利人”或“英国人”称呼。因为“英吉利人”和“英国人”原意都是“英格兰人”，而你所交谈的对象，可能是苏格兰人、北爱尔兰人或威尔士人。若使用“不列颠”一词，则所有的英国人都能接受。此外，交谈时，英国人通常乐意谈论天气或者有关动物的话题，忌讳他人过问自己政治倾向和个人生活上的事。他们认为这是私人秘密，不用他人干涉和了解。交谈时还不能有对女王不敬的言辞，更不能拿王室的家事作为谈笑话题，因为女王在英国人的心目中具有至高无上的地位，是国家的象征。

小贴士：英格兰与苏格兰

13世纪末，苏格兰与法国结成联盟，此联盟严重影响了当时还对法作战的英格兰。17世纪初英格兰与苏格兰实现王位联合，英格兰虽然借此达到了控制苏格兰的目的，但这只是暂时地解决了苏格兰问题。17世纪末18世纪初，为防止苏格兰与法国再度结盟，英格兰最终选择与苏格兰合并为大不列颠联合王国。

与英国人初次见面要注意什么

与英国人初次见面，一般以握手为礼。介绍时，通常由女士、地位高的、年纪大的先伸手，然后男士、地位低的、年纪轻的再伸手。

男士被介绍与地位相等的男士相识，应先伸手；如果被介绍与女士相识，应等对方伸手。女士被介绍时，不必非得伸出手来，不过她们往往会伸出手来以示友好。此外，男士与女士握手前要脱下所戴的手套，而女士则不必。

在英国参加舞会要注意什么

英国的舞会可在家或酒店举行，一般大型舞会开始的时间在22:00左右。主人邀请客人参加舞会，一般会设晚宴，但有时也不设(有的还只请参加舞会中少数人吃晚饭)。因此,参加舞会的人一定要看清请柬上的内容,避免发生尴尬。舞会上,一般会备有夜宵,也会只备茶、咖啡及三明治等。

参加舞会的客人穿着要整齐,跳舞时男士要轮流请女士,还要与女主人跳一次(同性共舞会让人笑话)。如果同时接到两份请柬,那么可先参加一个舞会,然后提前退场再赶赴另一个舞会,因为参加舞会的人随时来去不算失礼。

拉丁舞

小贴士:舞蹈

英国是社交舞、国际舞的发源地。现今公认最早的舞蹈协会"英国皇家舞蹈教师学会"成立于1904年。二战后,英国皇家舞蹈教师协会整理了拉丁舞蹈,并将其纳入国标舞范畴,列入正式比赛项目。至此,国际标准舞成为包括10个舞种的现代舞系列和拉丁舞系列两大类。

英国人比较忌讳哪些行为

英国人忌讳打碎玻璃和百叶窗,认为这预示着家中将有不幸或丧事发生。他们还忌讳将食盐碰撒,哪怕是不小心碰撒,也会让他们感到非常懊丧,认为这预示将会和朋友发生口角或断交。

有一些英国人还认为,吃饭时刀叉碰响杯子会带来不测。所以,和英国人吃饭,要尽量避免刀叉器皿碰撞出声。如果不巧碰到了杯子,要赶紧用手制止作响。

另外,交往时不要随便触碰他们,碰到了要赶快说对不起。走在街上不要戴口罩,否则英国人会认为是偷跑出来的传染病患者,甚至有人还会叫救护车。

英国人有排队的习惯,上公共汽车、火车或买报纸,都能看到他们井然有序地排着队。插队在他们看来是非常让人不齿的行为。

英国白金汉宫整齐划一的警卫

在英国点烟有怎样的忌讳

英国人认为，抽烟时不可一次点三支烟，一根火柴或火机点燃第二支烟后要及时熄灭，否则会给三个人中的某一人带来不幸。

万宝路香烟

小贴士：万宝路

"万宝路"是香烟品牌，由英国菲利普·莫里斯烟草公司制造。1902年，设在伦敦的菲利普·莫里斯总部在纽约开设分公司，至此"万宝路"成为世界上最畅销的香烟品牌。

英国人尊重妇女体现在哪

在英国，女士优先是人人皆知的行为准则，而尊重妇女也是体现绅士风度的重要标准。

如果男女一同进房间，男士要为女士开门。进房间或进餐馆也要女士在前，除非男士要为女士选餐桌、开车门或做其他事情。走在街上，男士要走在女士靠近车的一侧。如果一个男士与两个女士一同走，应当走在女士之间。

参加聚会等活动，主人将女客人领进客厅，客厅内的男士通常都要起身以示敬意(厅中就座的女士不必起身)。介绍客人时，通常先将男士介绍给女士，除非男士年纪很大或地位很高。宴会开始时，男士还要为女士拉开椅子，帮其入座。

英国人忌讳哪些花、颜色和动物

英国人忌讳的百合花

英国人忌讳百合花，认为百合花是死亡的象征；忌讳墨绿色，认为墨绿色会给人带来懊丧。他们还忌讳用孔雀、山羊、大象等做商品图案。认为山羊象征"不正经男子"和"坏人"；孔雀开屏是自我炫耀；大象笨拙，让人生厌。另外，他们还忌讳黑猫，尤其是黑猫从身前穿过，认为将遭不幸。

给英国人送礼要注意什么

在英国，送礼是很常见的行为。所送的礼品通常不贵，比如高级巧克力、名酒和鲜花等。但是，注意礼品不能饰有客人所属的公司标记。在收到礼物的一个星期内，如果觉得不满意或不合适，可以拿到所购买的商店，换一些其他价格相当的东西。这样，送礼方与受礼方都会感到方便。

小贴士：商店开业时间

商店通常在周一至周六上午9:00至下午5:30营业，但很多百货商店会持续到18:00。

英国人喜爱的礼品——巧克力

在英国购物要注意哪些事项

在很多自助商店和街头市场，购物袋需要收费，因此购物时最好带上自己的购物袋。另外，在英国购物，不能砍价。英国人买东西，认为价钱合适就买，不合适便走开。如果购买贵重的艺术品或数量很多的商品，要提前和卖方商定一个价钱。英国人认为，讨价还价是很丢面子的行为。

伦敦商店在售T恤衫

很多自选商店会提供篮子供顾客在店里使用，等付款后再将所购物品装入自带的购物袋中。如果忘记退还商店的篮子或未付款就走，很可能被当成小偷，被指控“入店行窃”，而这很可能导致被警方控有盗窃罪。

小贴士：购物退税

在英国购物，一律要付17.5%的增值税。非欧盟国家的游客想要退税，必须在购物三周内离开欧盟（或英国）才行。若是服务性消费，如餐厅用餐和酒店住宿的费用，则不可以申请退税。

在英国行车走路要注意什么

(1)在英国,机动车辆必须靠公路左侧行驶,这和中国车辆右行刚好相反。

(2)行车时,司机必须系好安全带,否则被交警抓住会被罚 50 英镑。交警罚款时,会将写好的罚款通知单贴在汽车上,由司机自己去警察局交款。如果过期不交,会加倍罚款。

大本钟和伦敦的巴士

(3)城市交通要道口的两旁会有红绿灯,地面会有人行横道。行人想穿过街道,要按下绿色通行按钮。此时绿灯会亮起,并发出可以通行的笛声;而当行人走到对面,绿灯会自动转为红灯。

(4)步行者想搭车,一般只需站在路左边,伸出左手,握拳并竖起拇指,就可打到车。

(5)公共汽车多数无人售票。乘客需自觉投币、撕票,以便工作人员查验。公共汽车一般为双层,下层为不吸烟车厢,上层前部为吸烟者乘坐。

(6)公共汽车车牌通常不写站名,乘坐时需特别注意,以免坐过或者提前下车。

小贴士:左行

据记载,罗马教皇卜尼法八世在 1300 年举行第一个基督教大庆纪念时,指示所有赴罗马的朝圣者靠左行。此后,大部分欧洲国家都靠左行。

为什么在英国要尽量将已兑换的钱花掉或换掉

英国的英格兰、苏格兰、爱尔兰地区银行会发行不同的货币,旅游时应尽量兑换英格兰银行所发行的。因为英格兰银行发行的货币可以在全英国流通,而苏格兰及其他地区银行发行的纸币只能在当地流通(英格兰地区人们不能识别其他地区货币真假)。所以若在苏格兰或其他地区兑换了货币,应在当地花掉,或换成英格兰银行发行的货币。

小贴士:银行

英国的银行营业时间一般为周一至周五上午9:30至下午4:30,有些位于繁华地带的大银行会在周六、日营业,节假日一律休息。另外,很多银行的大厅都设有24小时自动取款机。

出入英国海关应注意哪些事项

在英国海关,携带需申报物品的旅客要走红色通道。需报关的物品有:计算机、高级相机、摄像机等。另外,入境严禁携带武器、管制药品、淫秽物品及危害健康或环境的物品。

英国护照

个人携带物,酒类的限量为葡萄酒2公升加酒精度超过22%以上的烈酒1公升,或是低于此标准者2公升;烟类的限制为香烟200支或雪茄50支;其他物品,如礼品、纪念品等,总价值不能超过36英镑(17周岁以下人员不得携带烟草和酒精制品入境)。注意:具体条目非常详细,且根据情况时有变化。如要携带以上物品,建议提前咨询,不要抱有侥幸心理。

爱尔兰

与爱尔兰人交往要注意什么

拜访爱尔兰的公私机构,一定要预约,不要贸然前往。如果参加商务活动,衣着不要太时髦,要穿保守式样的西装。出席商务活动时,男士应穿合体的西装、打领带,女士着套装或毛料的运动装。应邀到爱尔兰商人家中做客,请带鲜花或糖果作为礼物。另外，在餐桌上吸烟是非常失礼的行为。

小贴士：竖琴

“竖琴”既是爱尔兰人的绰号，又是他们的民族乐器。其国徽的图案也是竖琴。

爱尔兰竖琴

与爱尔兰人交谈不能涉及什么

爱尔兰人开朗、健谈、宽容，与他们交谈往往很尽兴，但是交谈中仍需规避一些话题，如北爱尔兰问题、《盎格鲁—爱尔兰协定》、英国对爱尔兰的态度、爱尔兰共和军、女权运动及宗教问题。另外，不要随意评论英国北爱尔兰恐怖分子——爱尔兰共和军。

爱尔兰有哪些日常禁忌

爱尔兰人多数信奉罗马天主教，另有少数人信奉新教。他们忌讳“13”、“星期五”，认为在“13”或“星期五”办事，很可能有不幸或灾难降临；忌讳交叉式握手，或同时与几个人谈话，认为这有失礼节，不礼貌；忌讳见到单只喜鹊，认为会有倒霉的事临头；忌讳他人过问自己的去向、工资、年龄以及婚姻状况；不喜欢辣味及带汁的菜肴。

小贴士：国旗

爱尔兰国旗呈长方形，长与宽的比例为2:1，旗面从左至右由绿、白、橙三个平行相等的竖长方形组成。绿色代表天主教徒，橙色象征新教徒，白色寓意代表各地区人民的和平。

爱尔兰国旗

法 国

在法国用餐要注意什么

在法国，用餐时不能解纽扣或当众脱衣。餐前脱外套，可将外套搭在椅背上，切忌将外套或其他物品放在餐桌上。就餐时，双手可以放在桌上，但双肘不能支在桌上；拿在手里的餐具只限于杯子类，切忌将盘子端起来；对于刀叉，要将一半放在碟子上，另一半放在餐桌上。

每次放入口中的食物不能过多，咀嚼时不能讲话；喝汤时，不能用嘴吹，也不能发出声响；吃鱼或带骨的菜，不可以直接向外吐，要用餐巾捂嘴轻轻吐在叉上放进盘中；面包要掰成小块放入口中，不可以拿整块咬；取食物不能站起来，可以请别人传递；就餐时，不可狼吞虎咽，不愿吃的食物，可放一些在盘里；进餐时要与客人交谈，切忌大声说笑，别人讲话也不可插话；吃完盘中餐，要用面包片擦拭盘碟、餐刀，然后吃下；吃完后，需用餐巾的一角轻轻印去嘴上或手指上的油渍，不可用餐巾大力搓擦。

法国美味

就餐完毕，客人不要即刻离去，应当再留半个小时，甚至一个小时以上。如果在法国家庭就餐，帮助主人收拾碗碟是很正常的现象。不过，帮助主人时，需要经过对方的许可，否则会让主人误解为过于随便。

小贴士：法国大餐

法国是世界三大烹饪王国之一，饮食文化非常悠久。从路易十四开始，法国的饮食外交便享誉世界。在法式宴会鼎盛时期，餐桌上一次可上200道菜。法国菜最主要特征是对复合味调料(sauce)的制作极其考究，选料十分新鲜。常用的烹调方法有烤、炸、氽、煎、烩、焖等，菜肴偏重肥、浓、酥、烂，口味以咸、甜、酒香为主。法式菜肴的名菜有马赛鱼羹、鹅肝排、巴黎龙虾、红酒山鸡、沙福罗鸡鸡肝、牛排等。

法国人喝葡萄酒有什么讲究

法国人喜欢喝酒，一年到头都会喝，贪杯但不过量。三五人聚会，一瓶10度左右的葡萄酒即可。喝酒时，他们不仅看菜下酒，还看酒用杯。一般饭前喝开胃酒，饭后喝烈酒消食。佐餐时，吃肉类要配红葡萄酒，吃鱼虾等海鲜要配白葡萄酒。另外，玫瑰红葡萄酒是通用型，既可用于吃鱼，也可用于吃肉。女士通常喝玫瑰红，以示口味清淡、不嗜烈物。

小贴士：法国葡萄酒

法国法律将法国葡萄酒分为4级：法定产区葡萄酒(AOC)、优良地区餐酒、地区餐酒、日常餐酒。波尔多是法国最大的AOC葡萄酒产区，其中以酒庄所产的酒最为名贵。

法国葡萄酒

法国人对穿着有怎样的要求

法国人在正式场合，通常身着西装、套裙或连衣裙，质地多为纯毛，颜色则多为蓝色、灰色或黑色。出席庆典活动，女士多为连衣裙式的单色大礼服或小礼服，男士多为黑色西装套装或配以蝴蝶结的燕尾服。对于穿着搭配，他们讲究得体统一，选择发型、帽子、眼镜、手表、手袋、鞋子时非常注重与着装协调。

巴黎老佛爷商场的顶级名包

小贴士：LV

路易·威登（Louis Vuitton）是法国历史上最杰出的皮件设计大师之一，于1854年在巴黎开了以自己名字命名的第一间皮箱店。现在路易·威登这一品牌已成为涉足时装、饰物、皮鞋、箱包、珠宝、手表、名酒、传媒等领域的巨型潮流指标。

受邀到法国人家做客要注意什么

法国人比较随性、待人热情。受邀到法国人家做客，不要太早到，可以迟十几分钟。因为太早到，主人往往在清洁或准备食物。

做客前，要准备一些小礼品。如果身边有中国的特产，像丝巾、剪纸、中国结、京剧脸谱等，可以带一些；如果身边没有，那么给女主人送鲜花（不要送玫瑰花或菊花）或巧克力等也会很受欢迎。

此外，拜访和告别时需要先向女主人致意和道谢。介绍两人时，按年龄先介绍年长的，按职位先介绍职位高的，职务相等的则先介绍女士。如果客人有好几位，按座位或站立的顺序依次介绍。有时介绍者一时忘记被介绍者的名字，被介绍者要主动自我介绍。

适合送给法国人的礼物——京剧脸谱

与法国人交谈要注意什么

法国人天性浪漫，爽朗热情，好开玩笑。与他们交往，态度要热情大方，不要局促不安，神不守舍。在法国，若想与远距离的人谈话，应走近对方后再讲，切忌在公共场合大喊大叫。谈话时，语调不能太高，不能指手画脚、口沫飞溅，不能东张西望或烦躁不安，更不可以随便打断他人讲话。若有3人以上在场，切忌谈只有两人知道的事情或是只用两人懂得的语言。另外，与他们交谈，还要回避年龄、职业、收入、家庭生活、婚姻状况、宗教信仰和政治等问题。

法国国旗

小贴士：国旗

法国国旗三色旗是大革命时巴黎国民自卫队队旗。三色带的宽度比为30:33:37。白色象征国王，蓝、红色寓意巴黎市民，是王室和巴黎资产阶级联盟的象征。现在的法国人也认为，三色旗上的蓝色是平等的象征，白色是自由的象征，而红色代表了博爱。

与法国人交往，要懂得哪些手势

法国人在交谈的时候，习惯用手势进行表达或强调。他们手势的意思与中国人有很大的不同，因此和他们打交道一定要注意。例如：拇指和食指分开他们表示“二”，而我们表示“八”；表示“我”时，他们指向自己胸膛，而我们指向自己鼻子；另外，拇指朝下，在他们看来是“差”和“羞辱”的意思。

在法国的社交场合，见面时要注意什么

法国人在社交场合与客人见面，一般以轻轻握手为礼（对社会地位较高的人不能主动伸手）。关系较近的异性，通常会以亲面颊或贴面来代替握手；关系较近的男性，一般会当众在对方的面颊上分别亲一下。

时尚法国女性

除此之外，在法国一些社会阶层中，施“吻手礼”也颇为流行。不过施“吻手礼”时，要注意以下几点：不能在公共场合吻手；嘴不能接触到手；不能吻戴手套的手；不能吻少女的手。

小贴士：礼节

法国人在待人接物上的特点——爱好社交，善于交际；诙谐幽默，天性浪漫；渴求自由，纪律较差；自尊心强，偏爱“国货”；骑士风度，尊重妇女。

法国人送礼有怎样讲究

法国人在人际交往中，对礼物十分看重。如果不懂得送礼，会被看成不善交际，甚至粗俗。因此，给法国人送礼，要特别小心。

法国社交中的精致礼物

礼物一般选择具有艺术品位和纪念意义的物品，不可以是刀、剑、剪、餐具或是带有明显广告标志的物品。男士赠送礼物给关系一般的女士，不适合赠送香水。在接受礼品时，一定要当着送礼者的面打开包装，否则是一种无礼的表现。

如果送花，要注意不能为双数。另外，送花的种类上也要特别注意，因为法国人将每一种花都赋予了一定的含义。如：菊花是表示对死者的哀悼，秋海棠表示忧虑，兰花表示虔诚，郁金香表示爱慕之情，玫瑰花表示爱情，报春花表示初恋，水仙花表示冷酷无情，金盏花表示悲伤，雏菊花表示我只想见到你，百合花表示尊敬，大丽花表示感激，金合欢表示信赖，紫丁香表示我的心是属于你，白丁香表示我们相爱吧，倒挂金钟表示心里的热忱，龙头花表示自信，石竹表示幻想，牡丹表示害羞，白茶花表示你轻视我的爱情，红茶花表示我觉得你最美丽。

在法国乘出租车要注意什么

在法国出行，免不了乘坐出租车。这样的出行虽然方便舒适，但乘坐时还应注意一些事项。

法国出租车

（1）在法国乘坐出租车，不是非得付小费，很多法国人也没有付的习惯，付也不过 1～2 欧元。

（2）不要打电话叫出租车，因为法国的出租车从出发地便开始计费。

（3）司机热情帮你拿行李，一定要阻止，有的司机会乘机收取高额费用。

（4）如果遇到司机漫天要价且态度强硬，勿与之争吵或动手。可以先给钱，暗记车号,下车立即拨打报警电话。

小贴士:安全

如果遭遇盗窃、抢劫或者被伤害等,一定要前往最近的警察局报案。法国警察根据职能划分多种,但通常都身穿深蓝制服,上有白色的 police 标志。平时警察局办公的时间为早上 9 点至晚上 19 点,周末和节假日全天办公。游客除报警外,如需帮助,还可联系本国大使馆。

在法国购物,退税要注意哪些问题

在法国购物,需要缴纳购物税,大约为物款的 20%。不过,如果非欧盟成员国公民在法国逗留时间低于六个月,并且一天之内在一家商店购物满 175 欧元,那么把商品带离欧盟国家时,可以享受一定金额的退税,通常为 12%到 13%。

退税方式大概有三种:①当场退税。当场退税是指购物时扣除消费税,但是离境时相关的退税手续还需办理。②机场现金兑换。假如机场有现金兑换处,那凭单据可以收到以当地货币退还的税款。③信用卡划账。如果使用信用卡购物,那么税款可以打到信用卡账户里。

退税步骤为:在商店购物,要注意购物退税的标志(Tax Free Shopping)。付款时,需出示护照,并向收银员索要退税凭证。出境时,要请海关在退税单上盖章,此时需出示护照和购买的商品。因此,在税关检验之前,办理免税手续的物品要随身携带,等过了税关再收起。

小贴士:汇兑

兑换货币可在银行、邮政局、部分大型商店、火车站、机场及旅游点附近的兑换店兑换。但要注意:虽然所有商店的汇率相同,但收取的佣金却不一样,要留意兑换店列明的佣金告示。另外,除公众假期,巴黎区银行的营业时间为星期一至星期五上午 10:00 至下午 5:00,其他地区的营业时间为星期二至星期六(中午休息时间由下午 1:00 至 3:00)。

法国免税店

法国海关对游客携带物有哪些规定

出入法国，不管什么情况，某些商品都被禁止出入境或要办严格的手续。如：文物、麻醉品、仿制品、武器、植物、象牙等。另外，携带超过7600欧元必须向海关申报。

荷　兰

荷兰人吃饭有什么讲究

荷兰人吃饭忌讳发出吸食、打嗝和吞咽的声音，不然会被视为没有礼貌。另外，在饮食上，他们还不吃所有动物的脚和内脏。

小贴士：家庭式料理

荷兰传统的家庭式料理有豆汤、撒有熏腊肠的蔬菜马铃薯泥、煎饼、菜豆加油炸的培根和撒有糖粉的小松饼。

在荷兰预订住宿要注意哪些问题

夏季前往荷兰，不管选择何种酒店，建议先行预订。可以经由旅行社、荷兰订房中心或是设于大城市的旅游服务处代为预订（要支付手续费），也可以直接打电话给旅馆预订。如果打电话给旅馆预订，通常要预付一定订金；如果取消订房，订金即不退还。

阿姆斯特丹某家酒店

小贴士：电源

荷兰的电压为230伏。很多酒店尽管提供110伏和120伏的插座，但只能供剃须刀等电器使用，所以旅客仍要自备变压器和转换插头。

与荷兰人会面，礼节方面要注意什么

在正式场合，荷兰人与客人会面，一般施握手礼；而平时朋友相见，则多施拥抱礼。施握手礼时，不能交叉握手，荷兰人认为这样会交厄运。

荷兰人有哪些日常禁忌

与荷兰人交谈，话题不要涉及钱和物价，而政治（除美国政治）、旅行和体育等话题则较受欢迎。他们在交谈时，不喜欢交叉式谈话，女子入座时，双腿要并拢；男子就座时不宜抖腿。忌在众人面前用牙签剔牙。荷兰人忌讳“13”和“星期五”。他们不愿谈论美国的政治、经济和物价等问题，还特别忌讳别人对她们拍照。忌讳别人询问他们的宗教信仰、工资情况、婚姻状况、个人去向等问题。

阿姆斯特丹公园美女

荷兰人倒咖啡有什么讲究

荷兰人对倒咖啡特别讲究，只能倒到杯子的2/3处。倒满是非常失礼的行为，会被认为缺乏教养。

小贴士：咖啡

荷兰是十六七世纪世界上最强大的殖民国家，不仅开疆拓土，还进行巨大的贸易活动。在此过程中，他们将原产于非洲的咖啡，带到了全世界。

给荷兰人送礼物有什么讲究

给荷兰人送礼，礼物要进行精心包装。最好送鲜花、巧克力或类似的礼物，但是新颖别致的礼物也会很受欢迎。

桑达姆民俗村现场制作木屐的场景

小贴士：木屐

桑达姆民俗村，位于荷兰阿姆斯特丹仅20公里附近。这里的环境与建筑极富特色，房屋和小桥均为木制。在民俗村，有现场使用传统工艺制作木鞋的作坊，可现场演示制作木屐的全过程。这些木鞋是很受欢迎的纪念品，每年吸引了世界各地成千上万的游客。

在荷兰上楼梯要注意什么

在别的国家，男女上楼梯时，一般女士在前男士在后；而荷兰人恰恰相反，上楼梯时男士在前女士在后。

小贴士：小费

严格说来，荷兰没有小费制度，但旅馆行李的服务最好给小费，通常每件行李为1美元或2.5荷盾；房间服务费每次约1美元。出租车及餐厅用餐的小费无硬性规定，通常为车费或餐费的5%~10%。

桑达姆民俗村的各式木屐鞋

在荷兰，为什么不能玩街边小纸球游戏

在荷兰的阿姆斯特丹，有时会遇到一些人邀请玩小纸球游戏——用几个小纸球或是3个火柴盒在地毯上或纸板上变换花样。记住，这是一种赌博把戏，玩这种把戏的人一般有两三个同伙，同伙会假装路人参与玩(通常会赢)。因此，遇到这类事，别理他们。

小贴士：风车

荷兰也称为“风车之国”。其坐落在西风带，一年四季盛吹西风。另外，它濒临大西洋，又是典型的海洋性气候国家，海陆风长年不息。这就为荷兰开发风力创造了有利条件。其中大的风车有几层楼高，风翼长达 20 米。有的风车，由整块大柞木做成。这些风车在碾谷物、粗盐、烟叶、造纸等方面发挥了重要作用。如今，还成为一道道美丽的风景伫立在那里！

桑达姆民俗村的风车

在荷兰从事商务活动，要注意什么

在荷兰从事商务活动，宜穿保守式样的西装。由于荷兰商人时间观念极强，因此公私单位互访务必预约。另外，若被荷兰人邀请到家做客，要清楚这通常只是在家喝几杯酒，然后到酒店吃饭。记住，做客时要带花送给对方太太(必须为单数，最好为 5 朵或 7 朵)。此外，如对他们室内的摆设夸赞几句，通常会赢得他们的好感。

小贴士：商务宴请

荷兰商人喜爱相互招待宴请，一般上午 10 点休息吃茶点，中午大吃一顿，下午 4 点又休息吃茶点，晚上 7 点正式吃晚餐，睡前还要吃一次夜宵。因此，要记得带上肠胃药。

比利时

与比利时人交谈，应避免什么话题

与比利时人交谈，切忌问他们的工资、年龄、婚姻及个人私生活情况。他们认为这些属于私密问题，他人过问属极不礼貌的行为。另外，话题要避免涉及政治、宗教等。

布鲁塞尔广场尿尿童铜像

在比利时进行商务活动要注意哪些

在比利时从事商务活动，约会要准时赴约。如无法赴约，应提前通知对方；如未赴约又未提前通知者，除断送商机外还会被视为无礼之人。约会要注意仪容仪表，尽可能穿着西装。如果带点小礼物或纪念品，往往能收到事半功倍的效果。但是应注意不能送贵重物品，因为双方处于平等地位，如果送厚礼对方往往难以接受（老客户除外）。

布鲁塞尔巧克力商店

小贴士：受礼

在比利时接到礼物应马上打开，并表示喜欢。

比利时人有什么忌讳

比利时人大多信奉天主教，其次是新教和犹太教。他们忌讳的数字和日期是“13”和“星期五”，认为它们象征厄运和灾难。另外，他们忌讳的颜色为蓝色和墨绿色，认为蓝色是魔鬼的色彩，墨绿色容易令人想到纳粹（纳粹的军服为墨绿色）。他们还忌讳菊花，认为菊花是葬礼专用花，象征死亡。避免谈论比利时的宗教、政治问题。此外，他们早上穿鞋时，忌讳右脚先穿，认为先穿左脚可以消除牙痛。

比利时商务人士进餐

在比利时的娱乐场所应注意什么

比利时法律为了维持质朴风俗，对色情行业有较严的规定。因此，在娱乐场所被女侍者搭讪，切记不要答理，否则很可能被狠敲一笔。比如，请女侍者喝杯香槟，结账时很可能让你付几百甚至上千美元。

小贴士：安全

旅游期间，游客应保管好自己的护照和现金，若护照遗失或被窃，应尽快到警察局报案。另外，特别要注意，比利时街头会有冒牌警察行骗（中国公民有权要求比利时警察出示有效证件）。

丹 麦

到丹麦人家做客要注意哪些礼节

到丹麦人家做客，千万不能空手，最好给女主人带一些花或巧克力。用餐时，丹麦人会热情地用斯堪的纳维亚烈酒敬客。这种酒按字面意思叫做“生命之水”，不过由于度数较高，要有心理准备。通常情况下，客人不能先敬酒，要等主人、长辈或职位高的人先敬。如主人没说“请”，任何人都不可以碰酒杯。

另外，如果被安排坐在女主人左边，那就意味着主人将你视为贵宾。丹麦的习俗是，贵宾用完餐要举杯向女主人致谢，并对菜肴进行赞美。用餐完毕，切记不要过早告别，否则会有轻视主人的意思。

小贴士：传统菜肴

传统的丹麦菜包括猪肉丸、水煮鳕鱼配芥末酱、脆皮烤猪肉、马铃薯炖牛肉及牛肉汉堡配洋葱。此外，还有一种冷食自助餐，菜色有鲱鱼、沙拉、各式冷肉片和乳酪。

丹麦美食

丹麦人见面有哪些礼节

丹麦人在社交场合一般行握手礼。需注意，握手时不能四人交叉，丹麦人认为这样做非常不吉利。与客交谈，他们忌讳挨得很近，一般 1.2 米左右为宜。另外，丹麦的女性，尤其是未婚女性与有身份的男子见面时，要轻轻提起长裙的一边施屈膝礼。也可以一边施屈膝礼，一边将手送给对方，以便对方施吻手礼。

到丹麦从事商务活动，男士在穿着方面要注意什么

集于一体的丹麦男人、地图、国旗

在丹麦商界举办的高级宴会上，出席者很多时候都被要求穿着小礼服并系黑领结，若没有此准备将会错失良机。因此，前往丹麦进行商务活动的男士，应在行李中带上一套小礼服。

在丹麦什么时候不宜谈公事

丹麦人不喜欢在七八月谈公事。因为他们国家冬季漫长，而夏季只有这两个月，所以人们倍加珍惜。倘若在这段时间内去打扰他们，恐怕不会受到诚心实意的接待。

小贴士：约见

在丹麦，应邀到私人家中做客，应在约定时间的 1 刻钟内到达。

出入丹麦边境要注意哪些事项

丹麦海关对入境旅客的行李通常采用抽验检查。他们先询问入境者“有无特殊物品需申报”，得到否定答案后便开始检验。因此，不要携带违禁物品，以免带来不必要的麻烦。另外，丹麦海关允许游客携带的免税烟酒有以下两种：①非欧盟国家旅客可携带400支烟或500克烟草，2公升酒；②欧盟国家旅客可携带200支烟或250克烟草，1公升酒。

小贴士：禁忌

丹麦人忌讳“星期五”和“13”；忌讳有人打扰他们，找他们谈公事；不喜欢谈论政治和社会问题的话题，也不喜欢别人打听有关他们的私事。

丹麦首都哥本哈根

挪 威

到挪威人家做客，要注意什么

到挪威人家做客，记得带一束花或糖果作为礼物送给女主人，这通常会受到热烈欢迎。另外，吃饭期间，如果客人在6位以下，要向女主人敬酒；但如果超过6位，就不可以这样。因为若每个客人都向女主人敬酒，无疑会让她喝醉。散席时，客人还应礼貌地为这次打扰，向女主人致歉。

挪威美食

小贴士：饮食

挪威人饮食讲究营养而不是味道。吃的食物比较简单，爱吃粗面包、生蔬菜、苹果。

挪威人喜欢什么颜色

挪威人喜欢的颜色有很多,不过最喜欢红色,他们认为红色能给人温暖。挪威的女士还对褐色钟情,不但经常用褐色装扮自己,还常常以此相互媲美。此外,他们还喜爱绿色和蓝色,认为绿色代表吉祥,蓝色代表美好。

挪威有哪些日常禁忌

挪威国鸟——河乌

谈话时要保持固定的距离,以相距1.2米左右为宜;河乌是挪威国鸟,不能对它们进行捕捉或伤害,不能故意惊吓它们。忌讳不守时,否则会被认为不守信用。忌讳“13”和“星期五”。忌讳室内戴帽子。忌讳复活节期间、7月份或8月初到挪威去商业旅行。忌讳谈诸如职业、工薪和社会地位等个人问题。忌讳交叉式握手和谈话。忌讳使用黑色,因为黑色是丧服的颜色,不吉利。不喜欢中国传统的山水图案、仕女图案以及大红大朵的图案。

小贴士:河乌

挪威国鸟河乌,以水生昆虫及其他小型水生无脊椎动物为主食。主要活动于山间河流两岸的大石上或倒木上,能在水面浮游,也能在水底潜走。

瑞　典

在瑞典敬酒有什么规矩吗

在瑞典用餐,千万不能在东道主或位高、年长者祝酒前向他们先祝酒。喝酒时,还应等他们说完“干杯”后再喝。干杯的动作为,将酒杯从腰部向上举到齐眉处，正视对方或众人，说声“干杯”一饮而尽。喝完后，要将杯底朝向主人再放回桌面。

瑞典国旗

瑞典人戴戒指有什么讲究

瑞典人的戒指既为装饰品，又是职业的象征。戒指上有橡树叶图案的，多为中学教师；有一束刺槐叶、一柄斧头和一个十字架交错在一起的图案者，多为木匠；饰有一顶桂冠图案者，多为擦玻璃工。要注意，象征职业的戒指戴在食指上。

与瑞典人交往要注意什么

与瑞典人交谈，话题可以涉及众多方面，但不能批评瑞典的文化和政治，更不能随意评论王室。前往瑞典人家做客，最好带一束鲜花或一盒巧克力，这是一种必要的礼节。

瑞典姐妹

小贴士：礼仪

瑞典人交谈喜欢直视对方，认为这是尊重对方的表示。另外，在与客人交谈时，他们习惯保持1.2米左右的距离。

在瑞典开车要注意哪些事项

瑞典交通法规规定：车辆即使在白天，小灯也要打开；开车时要系好安全带，不能酒后开车；车辆冬季使用冬季轮胎，夏季使用夏季轮胎。如果酒后开车被抓到，会面临牢狱之灾。

小贴士：驾照

中国驾照在瑞典可暂时使用一年，之后必须重新考取瑞典驾照。

在瑞典乘交通工具要付行李费吗

在瑞典搭公交车、出租车、电车时，只要携带行李，就必须另交行李费。收费标准根据所搭车种、行李大小来定。

瑞典电车

小贴士：公车卡

瑞典的公车系统非常方便，但是由于交通系统复杂，旅客应尽量选择Tagplus卡，因为一张票可同时在火车和巴士上使用。但是，使用Tagplus卡无法得到其他的打折优惠。

瑞典人有哪些日常禁忌

忌讳陌生人询问他们的政治倾向和年龄，忌讳黄色、蓝色。忌七八月份与他们谈生意。忌讳将酒作为礼物送人。忌讳在众人面前擤鼻涕或抠鼻孔。忌讳伤害鸟类及猫、狗等动物。忌讳在众目睽睽之下有过分亲昵的言行。忌讳在公共场合随便吸烟。他们不喜欢油腻太大的食品，有些人还不吃鸡蛋。

小贴士：咖啡

瑞典人酷爱喝咖啡，不喝咖啡睡不着觉。他们一天到晚喝咖啡，早中晚三次，必不可少。瑞典人均咖啡消费量仅次于芬兰，居世界第二位。

斯德哥尔摩市政厅

芬　兰

请芬兰人吃饭要注意什么

外地人如果在当地餐厅宴请芬兰人，用餐完毕后，对方会即刻邀请你到迪斯科舞厅跳舞。此时不可拒绝，否则会被认为没有礼貌。

与芬兰人谈话，应注意什么

与芬兰人谈话，忌讳交叉式交谈，他们认为这是不礼貌的行为。谈话时，双方不能靠得很近（按他们待客的心理习惯，1.2 米左右较为适当）。另外，由于芬兰是中立国，所以话题要避免政治类。

芬兰国旗

小贴士：国旗

芬兰国旗呈长方形，长宽之比为 18:11。蓝十字位于白色旗面上。蓝色象征湖泊、河流和海洋；白色象征白雪覆盖着的国土。

到芬兰人家做客，可以拒绝做芬兰浴吗

芬兰浴室内景

芬兰浴又称桑拿浴，是在封闭房间内用蒸气对人体进行理疗的过程，是芬兰极为普遍、颇具特色的一种沐浴方式。若被邀请到芬兰人家中做客，主人通常会请客人做芬兰浴。这是一种特殊礼遇，客人不宜拒绝。

小贴士：芬兰浴

芬兰浴有2000年以上的历史，利用对全身反复干蒸冲洗的冷热刺激，使血管反复扩张及收缩，增强血管弹性，预防血管硬化。对关节炎、腰背肌肉疼痛、支气管炎、神经衰弱等有一定保健功效。但是患有心脏病、癫痫症、高血压、糖尿病等的病人不宜选用。

芬兰人有哪些日常禁忌

芬兰人绝大多数信奉基督教(路德宗)，还有少数人信奉伊斯兰教。信奉伊斯兰教的教徒禁食猪肉，忌讳使用猪制品，也忌讳谈论有关猪的问题。忌讳"13"和"星期五"，并视其为不吉利的数字与日期。忌在公共场所大声喧哗，这被认为是粗鲁的表现。在饮食上不习惯吃稀奇古怪的海味品，也不爱吃姜和香菜，不吃动物内脏。忌贸然拜访别人的私人空间。忌谈政治和宗教问题。

芬兰三文鱼

小贴士：野味

芬兰很多烹调特色的材料取自山林田野，让人品尝时体会大自然的清纯。比较著名的野味有驯鹿肉、雪鸡、三文鱼、波罗的海青鱼、鲑鱼、淡水鳕鱼、浆果和野菇。

冰 岛

与冰岛人交谈要注意什么

与冰岛人见面要行握手礼，握手应大方，不可点头哈腰，更不要将一只手插进口袋。称呼冰岛男子，要在其父名后加上"松"字，女子则在父名后加上"多提尔”。另外，男士不能随便参与妇女圈的讨论。与女士交谈，切记不要问年龄和开玩笑。

小贴士：手势

冰岛人叫人过来，通常是手心朝上打手势；表示再见，则手心朝下打手势。

在冰岛可以给小费吗

在冰岛，没有给小费的习惯。因为冰岛人觉得给小费是对人的一种侮辱。

冰岛货币

在冰岛白天开车要开灯吗

冰岛法律规定，无论何时开车，都必须开灯。

在冰岛从事商务活动要注意什么

冰岛人从事商务活动注重时效，与他们有约，不可以失约，否则就是缺乏信誉的行为。若因故不能准时赴约，要尽早通知对方并表示歉意，晚到要向东道主和在场其他人员表示歉意。赠送礼品，如选择具有本国特色的通常会很受欢迎。另外，不要拒绝他们回赠的礼品。

冰岛商人

小贴士：禁忌

冰岛人大部分信奉基督教，忌讳“13”和“星期五”。他们不在13日举行重要活动，不能有13个人同桌共餐。忌讳用姓称呼冰岛人。

德 国

为什么德国人忌讳黑鞋配白带

德国国旗

初到德国，人们往往对德国人所穿的鞋感到诧异，因为无论黑皮鞋还是黑色的休闲鞋、运动鞋，从没见德国人系过白鞋带。这是什么原因呢？原来，黑鞋白带是纳粹的标志。德国人在鞋店买黑色的鞋子，附赠的总是彩色或黑色鞋带。

小贴士：国旗

德国国旗呈长方形，长宽之比为5:3。旗面从上至下由黑、红、金三个大小一样的横长方形组成。黑色象征严谨肃穆；红色寓意燃烧的火焰；金色象征真理的光辉。

在德国穿着方面要注意什么

德国人在穿着上注重整洁，不喜欢花哨时髦，总体风格为庄重、朴素、简洁。一般情况下男士多穿西装、夹克、戴呢帽，女士多穿翻长衫和色彩、图案素雅的长裙。

工作时，他们一般穿工作装，回家随便。不过，只要有来客或外出，就一定会穿戴齐整。看戏或听歌剧，女士通常穿长裙，男士穿礼服（至少要穿深色的服装）。参加社会活动或正式宴会尤其如此。

慕尼黑啤酒节上的女侍者

另外，出席葬礼他们会尽可能打黑色无花图案领带和穿黑色的衣服。如果没有可穿颜色暗淡、深沉的衣服，忌穿鲜丽的服装。

小贴士：服装

德国著名的服装品牌有 Hugo Boss、Joop、Escada、Jil Sander、Karl Lagerfeld、阿迪达斯和彪马。

应怎样礼貌地称呼德国人

德国人在人际交往中有一个鲜明特点，即重视称呼。如果对德国人称呼不当，往往会令对方不快。称呼德国人不可以直呼名字，可称其全称或仅称其姓。代词“您”和“你”，不可任意使用。因为称“您”表示尊重，称“你”表示地位平等、关系密切。

与德国人交谈要避谈哪些话题

与德国人交谈，不要问对方年龄、职业、个人收入、婚姻状况、宗教信仰、政治倾向。如果遇到他人生病，除非伤风感冒等常见病，否则不要问病因及病情，不然会让对方觉得你喜欢窥视别人隐私。还有，交谈时尽量不谈论棒球、篮球或美式足球，可以谈谈德国的乡村生活、业余爱好和英式足球之类。

在慕尼黑最大啤酒屋喝啤酒的各国游客

另外，德国人不喜欢听恭维话，特别是过分的恭维话。他们认为过分的恭维话带有看不起、侮辱和嘲笑的意思。此外，德国人忌讳谈纳粹和希特勒等话题，这点尤为重要。

去德国人家做客要注意什么

德国人邀请客人，通常会提前一周发邀请函或打电话通知被邀请者。若接到邀请，无论接受与否，都需尽早回复。如果不能赴约，应客气地说明理由。既不赴约，又不说明理由是非常失礼的行为。

赴约时，不能早到，也不可太晚到，迟 5 ~ 10 分钟为宜。德国人不习惯送重礼，所送礼物多为价钱不贵，但有意义的物品。去友人家赴宴，一般带束鲜花、一盒巧克力糖果或一瓶酒足已。但是，要注意：送花时，花的数量不能为13和偶数；忌送郁金香和菊花，它们在德国有无情和悼念之意。

休闲中的德国一家人

此外，接受款待后的几天，要给主人送去感谢的短柬，没有任何感谢行为是非常不礼貌的。

小贴士：礼节

德国人用餐“以右为上”，通常男士要坐在女士和职位较高男士的左侧。此外，女士离开餐桌或回来，身边的男士要起身让座，否则会被视为没有礼貌。

在德国用付小费吗

德国大部分的服务费虽然已包含在账单中，但是很多人仍然会适当付一些小费。在餐馆用餐，小费一般为账单数额的5%~10%；乘坐出租车，小费一般为车费的10%；住宿宾馆，一般为行李员每件行李1欧元，房间女服务员每天1至2欧元。

与德国人打电话要注意什么

德国人打电话时，忌讳拿起电话听不到声音或对方挂断。他们认为这样会有不祥的事发生，解决的方法是回拨直到将来电打通。

法兰克福购物店

在德国购物要注意什么

德国的购物场所营业时间为：平时营业时间为上午9:00至晚上8:00；周六营业时间为上午9:00至下午4:00；周日和假日多数商店不营业。购物时要特别注意，所购商品要交购物的16%税（包含在商品中）。非欧盟国家的游客，如果消费满25欧元，可向商店索取退税支票，以便离境时办理退税。

小贴士：退税

来自非欧盟国家的游客，如想退购物税，必须在购物后3个月内将所购物携带离境。如在欧盟几个国家游览，则可以在最后一个国家离境时办理退税。

在德国海关要注意什么

中国人前往欧洲，很多人会在法兰克福机场转机。该机场是世界上最忙碌的国际机场之一，每年的客运量都在5000万左右人次。

据报道，在该机场，中国人经常受到“格外优待”，无故受阻现象从未断过。德国入关检查的通道有两个，为欧盟公民和非欧盟公民通道。中国人走的是非欧盟通道，这里经常遭到极其严格的检查。

首先是“耐心询问”，然后是行李检查。通常，工作人员看到中国旅客会对行李乱翻一气，并且不明缘由就“定罪处罚”。很多中国旅客将这样的场面戏称为过“鬼门关”。因此，入境时要避免一些引人注意的行为。假如不幸遇到以上特殊待遇，要不卑不亢，学会保护自己的合法权益。将对方警号或姓名记下，以便事后究其责任。

小贴士：签证

办理旅游探亲签证，需提供护照、邀请函。若逗留德国不超过3个月，填黄色申请表，否则填写白色申请表。另外，需交照片、经济担保书（须经德国有关当局认可）、亲属关系公证书。

德国海关服装

德国人有哪些日常禁忌

德国人忌讳“13”和“星期五”。忌讳以玫瑰或蔷薇送人，前者表示求爱，后者则专用于悼亡。不宜选择刀、剑、剪、餐刀和餐叉为礼品赠送德国人，以褐色、白色、黑色的包装纸和彩带包装、捆扎礼品，也是不允许的。忌讳在公共场所窃窃私语。遇有德国人过生日，不得提前祝贺。

德国双立人餐具

奥地利

奥地利人有哪些日常禁忌

奥地利人大多信奉罗马天主教，还有部分人信奉新教。他们忌讳“13”、“星期五”。认为这两个数字不吉利，均会带来厄运。

奥地利人在新年期间不食用虾类。他们认为虾倒着走路不吉利，如果在新年期间食用，那新一年的生意及事业会很难进取。他们一般也不愿吃带骨刺的菜肴。

维也纳美泉宫花园

他们喜欢绿色，一般不喜欢黑色。送花忌送红康乃馨，因为这是五朔节（每年5月1日）专用花；也不能送双数的花朵，他们认为这会带来厄运。

在吃饭时，特别不愿意听到有人发出咀嚼食物的声音，认为这是一种不文明的举止。

他们不愿意议论钱、宗教及政治之类的话题，对外国人能否分清他们与德国人的区别很敏感，更不乐于有人把他们看成是德国人。

与奥地利人交谈，要避免什么话题

与奥地利人交谈，话题可涉及历史、文化，但要避免战争和荒唐淫秽的东西。另外，还要避免金钱、宗教、政治等话题，除非对方问及这类问题。

小贴士：称呼

与奥地利人交往，不要将他们称为德国人。虽然他们讲一样的语言，但各自有不同的习俗和价值观念。

在奥地利购物要注意什么

非欧盟国家的游客，在免税商店购买超过 75 欧元物品时，可以退回增值税，税款约为物品价值的 13%。退税步骤：①在标有“Tax free”或“Europe Tax Free”的商店购物，向收银员索要增值税发票；②离开奥地利或其他欧盟国家时，将所购物品、增值税发票和护照出示给海关官员；③到机场或边境附近的“Cash Refund”窗口，出示盖有海关章的发票，退回税款。

奥地利超市

小贴士：退税时间

必须在 3 个月之内将购买的物品带出欧盟，逾期不能享受退税的优惠。

在奥地利听歌剧和音乐要注意什么

维也纳的歌剧及音乐会门票难求，要想欣赏最好直接向维也纳观光局或国家剧场预售票处订购，若通过酒店购票会被收取一定的中间价。另外，欣赏音乐会时，穿着要端庄、整洁，最好不要迟到。如果迟到要听候工作人员的安排，在节目间隙入场。

奥地利金色大厅

小贴士：金色大厅

金色大厅全称为维也纳音乐协会金色大厅，是维也纳最古老、最现代化的音乐厅。由建筑大师奥菲尔·汉森设计，始建于 1867 年，于 1869 年竣工。从 1939 年开始，每年 1 月 1 日在此举行“维也纳新年音乐会”，后因战争一度中断，但在 1959 年又重新恢复。

入境奥地利有哪些规定

入境奥地利要注意以下事宜：①奥地利是申根国家，入境要持申根国家签发的有效签证，否则不能提前入境；②从非欧盟国家经维也纳转机赴欧盟或申根某国及再转机回国，都应事先办妥签证，否则原机送回；③若奥地利签证到期但需延期，本人要到申根国家以外的奥驻他国使馆办理；若本人所持为一次性出入境签证，则不可能出境办理。

维也纳机场起飞的飞机

小贴士：签证

根据申根协议的规定，旅游签证有效期最长为90天，出入境可以申请两次或多次。如果在签证上没有其他附注限制，持有申根签证者，可以在所有“申根成员国”旅游。

匈牙利

匈牙利人在用餐方面有怎样的忌讳

匈牙利人比较迷信，认为用餐时弄碎玻璃器皿，会引来厄运。另外，他们认为新年的餐桌上若出现禽类菜肴，会让新一年的幸运随禽类飞走。

小贴士：美食

匈牙利的“萨拉米”香肠、鹅肝、鸡肉、葡萄酒闻名于世。另外，它的土豆烧牛肉、辣子鸡配面丁、猪肉酸菜、布达佩斯牛排、烤猪肘配洋葱土豆、巧克力汁绵绵糕等也是一绝。

匈牙利美食——土豆烧牛肉

匈牙利人有哪些禁忌

匈牙利人忌“13”和“星期五”，尤其是举行宴会时，不设 13 个座位。忌讳用手指着别人的脸部，也避免做出伸懒腰等不礼貌动作。不吃奇形怪状的食物，认为吃了这些东西，吉祥就会像鱼一样溜走。在街心公园、动物园等处旅游时，要爱护花木，忌讳挑逗动物。

匈牙利布达佩斯夜景

在匈牙利兑换货币要注意什么

外国游客在匈牙利极易遇到当地人上前探问需不需要兑换钱币的情况。由于私下交易在当地属违法行为，因此兑换货币一定要到银行及其他合法兑换处兑换。

匈牙利纸币

小贴士：银行

匈牙利商业银行营业时间通常为周一至周四上午 8 点至下午 2 点，周五上午 8 点至下午 1 点；OTP 银行营业时间通常为周一至周四上午 8 点至下午 4 点，周五上午 8 点至下午 1 点。周六、周日所有银行关门，但自动取款机可以使用。

出入匈牙利要注意什么

入境时可免税携带 2 公升葡萄酒、1 公升烈酒、250 克香水和 500 支香烟或 50 支雪茄或 50 克烟草。携带外币无金额限制，但要申报。出境时若携带匈牙利货币，则以 100 福林为限。若有多余匈牙利币可兑换成美元，但最高只能兑换 100 美元。携出外币数以入境时所申报为限。

瑞士

在瑞士用餐要注意什么

瑞士美食——奶酪火锅

在瑞士酒店用餐，举止要从容，不可大声说话。如果与瑞士人共餐，吃饭前要互相敬一次酒，之后随意饮用。用餐过程不能吸烟，餐后用甜点时方可。如对方不吸烟，要征其同意。用餐时应坐姿端正，喝汤喝饮料时不要出声，不要跷腿。如果用刀叉，不可舞动刀叉说话，不可用刀将食物送入口中，不可当众剔牙。

小贴士：美食

瑞士每一地区都有特色美味。例如，法语区的干酪火锅(Fondue)和火烤奶酪(Raclette)；德语区的香肠、烤肉和烤土豆饼；格来宾登地区的风干牛肉片(Bdner Fleisch)。

瑞士人在穿着上有怎样的讲究

跳舞中的瑞士女性

瑞士人的传统服饰为：男士穿短夹克、袖子宽大的衬衫和过膝长裤；女士穿丝质上衣、天鹅绒背心和长裙。工作时，除柜台前的工作人员，一般上班人员不必穿西装打领带。但是，在正式场合，为显庄重要穿整洁西服并打领带。

小贴士:传统服饰

瑞士的民族传统服饰各州有各州的式样。但总体女式多为连衣长裙,胸前、裙边带有刺绣挑花饰带;男士多为瘦腿马裤加金属扣上衣(红色马甲背心或镶红边的黑色马甲),有时戴黑色圆顶宽檐帽。但是,也有配合高山放牧活动的传统装束,如红背心、黄色紧腿裤。

给瑞士人送花有什么讲究

给瑞士人送花,不要送3枝红玫瑰。因为3枝红玫瑰带有浪漫色彩,是情爱的象征。

小贴士:瑞士国花

高山火绒草,俗名雪绒花,是欧洲著名的高山花卉,被众多国家列为受保护的植物,更被瑞士尊为国花。

瑞士国花——雪绒花

与瑞士人交谈,要注意什么

与瑞士人交谈尽量以天气开头,谈话内容可天马行空、包罗万象。不过,内容应避免涉及个人隐私,比如薪水、年龄、职业、私人生活等。另外,用餐时,不要讨论减肥和节食,因为这会让人倒胃口。

在瑞士的公共场合可以大声说话吗

瑞士人用餐时,几乎不怎么说话,最多小声低语。因此,在瑞士用餐时聊天别太大声,否则会让他们认为你没礼貌。

小贴士:禁忌

瑞士人忌讳"13"和"星期五"。不喜欢饰有猫头鹰图案的物品。不喜欢黑色,不在阳台上晒衣服。

进入瑞士可以携带什么

可以免税带入瑞士的商品有：香烟 400 支或雪茄 100 支或烟草 500 克；酒类超过 15 度 1 升内免税，不超过 15 度 2 升内免税（不满 17 周岁的旅客不可携带香烟和酒类）；其他物品总价值不超过 100 瑞郎。另外，禁止非欧盟国家旅客携带肉类、蛋类、鱼类、蜂蜜、乳制品等动物类产品入境。根据规定，每位旅客只允许携带一日量的儿童食品或药品入境，如有违反将遭受处罚。

瑞士风光

捷 克

与捷克人交往应注意什么

捷克人谈吐文雅、彬彬有礼，对举止轻浮的人极为讨厌。另外，他们非常反感在公众场合搂肩搭背。

布拉格老城风光

小贴士：性格

捷克人可靠爽快、平易近人。他们一般都乐于同客人开怀畅饮。凡接触过他们的人，都觉得其待客方式给人一种无拘无束的亲切感，使人容易接近。

捷克人有哪些禁忌

捷克民族将玫瑰花视为国花，对红三角非常敏感，认为其是有毒的标记，象征厄运。所以，在日常交往中要避免使用红色三角图形。忌谈政治问题和家庭琐事等。不喜欢别人了解个人隐私，尤其不喜欢打听女性的年龄。忌在公共场合高声喧哗。忌讳“13”这一数字，不喜欢柳树、柳木制品和菊花。

在捷克为什么不能讨厌狼

捷克的一些民众爱狼成癖，无论红白喜事，狼都是“主角”。礼品要有狼的图案，洞房门口要挂纸做的狼，甚至宾朋也要假扮成狼。所以，在当地不要对狼表现出厌恶之情，否则会让当地人反感。

捷克国旗

小贴士：国旗

捷克国旗呈长方形，长宽之比为 3∶2，由蓝、白、红三色组成。左侧为蓝色等腰三角形；右侧是两个相等的梯形，上白下红。白色象征神圣和纯洁；红色寓意勇敢和不畏困难；蓝色来自原摩拉维亚和斯洛伐克省徽章的颜色。

波　兰

波兰人有哪些禁忌

波兰多信奉天主教，星期五不吃猪肉，因为这一日是耶稣的受难日。忌讳“13”，忌讳 13 人同桌，因为它容易让人想起出卖耶稣的犹大。忌讳在 13 日、星期五举行礼仪性活动。忌讳清早出门后又折返回家；忌讳清早在路上碰到穿丧服的女人和穿黑袍的修士或修女。忌讳半夜遇见黑猫，正午遇到泼出来的食油。忌讳用一根火柴点两支以上的烟。忌讳从外面回家，一进屋就顺手把礼帽放在床上。忌讳外人坐自己家里的床，尤其是未婚女子的床更是不许别人坐。忌讳有人向他们打听个人的工资、年龄、宗教和社会地位等问题。在交往中忌讳菊花（用于葬礼）；不喜欢送红玫瑰花，因为红玫瑰花为浪漫爱情的信物。不喜欢吃虾、蟹和海味品。

小贴士：国花

波兰人普遍爱花，最喜欢三色堇，并将其定为国花。给波兰人送花时，宜送由一种鲜花组成的单束花，不宜送双束花。

波兰国花——三色堇

意大利

意大利人吃面有哪些讲究

意大利面又叫意大利通心粉，意大利人吃饭时往往将其放在第一道。吃意大利面时，左手要拿汤匙压住面条，右手用刀叉将其卷起（以一口为基准）。最后盘里剩下的调味料，要用汤匙掬取吃光。

意大利面条

小贴士：意大利面

意大利面是西餐品种中最接近中国人饮食习惯的一种饮食。其形状各有不同，除普通的直身粉，还有螺丝型、弯管型、贝壳型、蝴蝶型等数百种。

在意大利用餐要注意什么

在意大利餐馆就餐，若想与他人合桌，要征得先来的客人同意，否则会被视为粗鲁、无礼的行为。假如看到孩子在桌边跑来跑去，万万不能生气，因为当地人非常喜欢小孩，生气会让当地人非常反感。

意大利美食——比萨

用餐时，男女通常相隔就座，就算夫妻也不例外。上餐的顺序，首先为冷盘，其次为汤、米饭、面食等主食，再次是甜食、水果、冰激凌等，最后为咖啡。一般吃饭前会喝些开胃酒，席间视菜而定（吃鱼时喝白葡萄酒，吃肉时用红葡萄酒）。饭后还会喝少量烈性酒，里面可加冰块。

此外，还需注意：点餐时，要根据食量，不能多点；女士动刀叉进餐后男士才能用餐；不能将刀叉弄得很响；吃面条时，不能用嘴吸，要用叉子将面条卷起送入嘴中；喝汤时，要用汤匙从里往外舀着喝，切忌发出响声；用完一道餐后，要将刀叉并排放入盘中，表示已用完可以端走。

小贴士：意大利菜

意大利民族是一个热爱美食的民族，他们在饮食方面有着非常悠久的历史。意大利菜系非常丰富，菜品成千上万，除了大家耳熟能详的比萨饼和意大利粉，海鲜及甜品也闻名遐迩。意大利美食高贵典雅，并对欧美餐饮产生深厚影响，发展出包括法餐、美国餐在内的多种派系，因此有“西餐之母”的美誉。

意大利人在喝酒方面有哪些讲究

葡萄酒是意大利家庭餐桌上不可缺少的饮料，有客时更会以酒相待。不过，意大利人尽管喜欢喝酒，却没有劝酒的习惯，席间也不会喝烈性酒，因此一般不会发生酗酒现象。他们喝酒的方式比较讲究：饭前为刺激胃口、增加食欲，先喝开胃酒；席间根据餐类的不同，喝白葡萄酒或红葡萄酒；饭后喝消化酒。

白葡萄酒属清淡酒类，一般在吃鱼或海鲜时喝，这样可使食物更加清爽；而当餐桌出现禽鸟牲畜等肉食时，则改用醇香的红酒。喝白葡萄酒前，宾主十分在意白葡萄酒的产地以及酿酒的年份，主人常常将酒瓶郑重其事地给客人看；喝红葡萄酒时，主人还会把瓶塞递给客人，以示质量的好坏、保管的程度。

佐餐时，他们往往会喝些酸酒，吃点心则喝些甜酒。另外，喝不同的酒会用

意大利托斯卡纳酒窖收藏的葡萄酒

相应的酒杯，比如：喝葡萄酒用中等的高脚杯；喝啤酒、汽水和矿泉水用大的高脚杯或玻璃杯；喝烈性酒要用小高脚杯。

此外，意大利人为了让一些饮食更有味道，还喜欢把烈性酒加入开胃的软饮料里，将白兰地倒点在冰激凌上，就算咖啡也会掺上一些酒。

小贴士：意大利葡萄酒

意大利是欧洲最早得到葡萄酒种植技术的国家之一，生产的葡萄酒占世界葡萄酒总产量的1/4，其葡萄酒产量、质量及消费量都堪称世界第一。意大利十大著名葡萄酒有：①蒙达奇诺的布鲁奈罗（BRUNELLO DI MONTALCINO）；②奇安帝（CHIANTI）；③古典奇安帝（CHIANTI CLASSICO）；④巴罗罗（BAROLO）；⑤阿斯帝的巴贝拉（BARBERA D'ASTI）；⑥阿斯帝的多切多（DOLCETTO D'ASTI）；⑦阿斯帝的巴巴莱斯克（BARBARESCO D'ASTI）；⑧都佛的格来科（GRECO DI TUFO）；⑨阿尔巴的巴贝拉（BARBERA D'ALBA）；⑩罗马涅的桑娇维塞（SANGIOVESE DI ROMAGNA）。

意大利人喝咖啡或茶有何特别之处

意大利人喝咖啡，会用右手持杯把左手端起小碟，也会只端杯子不端小碟。但喝完一口后，杯子一定要放回碟上。杯中的茶匙只能用来搅拌，不可以舀着喝，用完要立即放回茶碟。另外，喝中国的绿茶、薄荷茶不加其他东西，但如果是印度茶、黑茶或英国红茶则会加少量奶和糖。

威尼斯某餐厅的咖啡杯

在意大利聚会、做客要注意什么

威尼斯贡多拉小船

在意大利，朋友间在餐馆聚会，除非申明请客，否则一起出钱。应邀到朋友家做客，尤其逢年过节，应给主人带些礼物。通常为：酒（一般葡萄酒）、甜点、鲜花或纪念品。另外，礼品的包装要讲究。收到礼品后，主人会当着客人的面打开礼品，并说一些客套或感谢的话。

在意大利人家做客，按照传统女主人会给客人上餐，客人有喜欢吃的食物要告诉女主人，由女主人将食物拿过来。不过，习俗是不断变化的，现在客人可以随意用餐，离食物较远时可请主人或其他客人递过来。

意大利人吃饭还喜欢讲话，主人会找各种话题与客人交谈，所以客人不能总埋头吃饭不说话。如果在晚上聚餐，一般会谈到 12 点以后。这时，主人会极力相留，客人虽然可以找理由先走，但不能过早走。临走时要向主人致谢、说晚安。假如因某种原因没给主人带礼物，第二天一定要给主人打电话致谢。

参观意大利教堂，穿着上要注意什么

前往意大利旅游，参观教堂是必修课。但是，进入教堂不能穿短裙、短裤或背心。所以无论天气多么酷热，前往时一定要备带长裙、长裤和不露膀子的上装。

罗马出租车

小贴士：出行

意大利的城市都很古老，景点多集中在老市区。由于旅游大巴车进入不了景点，游客前往参观要走很多路，所以非常有必要穿一双舒适便利的鞋。

在意大利购物要注意什么

在意大利购物，不能随意触摸货品、橱窗的样品，否则会让营业员反感。若想购买，可以让营业员取来。而在一些摊位（非超市），切忌挑拣蔬菜及水果，否则必须买下。另外，要特别注意，在罗马、佛罗伦萨，路边会有黑人卖包和饰品等，记住千万不要去买，否则被警察抓住会遭受处罚。此外，在意大利购物，需要缴纳购物税。如果想办理退税，那要满足三个条件：①购买超过 155 欧元的商品；②商品必须为游客个人使用；③3 个月内带离欧盟区。

小贴士：商店营业时间

意大利商店营业时间分为两种，一种为小型商场营业时间，另一种为大型商场营业时间。小型商场营业时间：上午 9:00 至下午 1:00，下午 3:00 至晚上 7:00；大型商场营业时间：上午 9:00 至晚上 7:00。

意大利高温烧制的酒杯

给意大利人送礼，要注意什么

在意大利，人们常常通过赠送礼品来表达谢意和祝贺。不过给他们送礼，要特别注意一些事宜：①给意大利人送礼，千万别送手帕。因为在意大利人眼中，手帕是擦眼泪的不祥之物，容易让人悲伤。②给意大利人送花，一定要为单数，切忌双数。给女士送花，不能是红玫瑰，因为其是浪漫爱情的信物。③送花切忌菊花，送其他礼品也要注意不能带菊花图案。因为菊花在意大利是丧葬场合使用的花，表示哀悼的意思。④意大利人送礼非常看重礼品的包装，一般要用彩色包装纸和丝带包扎。受礼人接到礼物后，会当面打开，之

威尼斯某街边购物小摊

后会对送礼方表示感谢和喜欢。如果说“这正是我想要的”，那送礼方会非常高兴。

小贴士：数字禁忌

意大利忌讳“13”和“星期五”，认为“13”象征“厄兆”，“星期五”也是不吉利的象征。根据基督教的传统，星期五是耶稣受难的日子，所以基督徒认为星期五是不祥的日子。“13”则是最后晚餐中聚会的人数，餐桌上第“13”位弟子是叛徒犹大。

在意大利的社交场合，有哪些注意事项

意大利人在社交场合，有一些讲究。比如：衣着要根据白天或晚上的活动而定；相见或相送，应避免四人同时交叉握手；握手的时间不能太长，幅度不能太大；与女士握手也不可以太紧。

对于比较亲近的朋友，可以行拥抱礼。不过，男女行拥抱礼，男士最好不要主动，除非关系非常亲近。此外，在正式活动和交际场合，不宜在人前抠鼻子和挖耳朵，也不宜随意脱鞋，后者是大忌。另外，入住旅馆，不宜在过道上喧哗。

小贴士：社交习俗

意大利人的社交习俗可以用这样几句话来概括——意大利人很开明，思想解放头脑灵；性格爽快又耿直，不耍心计讲开诚；社交场合重衣着，举止行动要端正；言谈话语尊重人，“您”为敬语来相称；讲究文明和礼貌，待人处事最热情。

威尼斯岸边风光

与意大利人交谈要注意什么

如果与意大利人交谈，要注意以下事宜：

（1）称呼。意大利人的姓名与中国人的姓名相反。他们前面为名，后面为姓。

对于不太熟悉或长者、有地位的人，一般要用尊称“您”，并且称呼他们的姓，要在前面加上“先生”、“女士”、“小姐”等称谓。

但要注意，“太太”只能用于已婚妇女，对未婚妇女，不管年龄大小，都要称“小姐”。而在正式场合讲话或其他活动提到人名，一般要称呼全称，至少要称呼姓，切记不能直呼名字。只有在家人、朋友和熟人之间才能直呼名字（注意：已婚妇女随夫姓）。

（2）交谈方式。意大利人交谈，相距往往在 30 ~ 40 厘米。就座时，若遇到相识的女士，男士应站起招呼，女士则可以坐着回答；在路上与女士交谈，要边走边谈，不能停下。另外，交谈要专注，声音不能太高，不能在大庭广众之下耳语，更不能用手指着对方说话。

比萨斜塔

（3）谈话内容。与意大利人交谈，应避免收入、家产、女士年龄与所属党派等话题，否则会让双方陷入不愉快的境地。

小贴士：妇随夫姓

顾名思义，妇随夫姓是指妇女结婚后改随夫姓。在美欧等西方国家，这是传统的习俗。

意大利人的手势和表情有何特殊之处

意大利人的手势和表情非常丰富，讲话常常助以手势。假如一方手势表达错误，那很容易让对方误会，甚至有时还会引发严重的后果。

他们常见的几种手势有：①大拇指尖和食指尖合成圆圈，其他三指向上翘起，表示“好”、“行”或“一切顺利”；②在餐桌上，五指并拢、手心向内在胃部来回揉动，表示“饥饿”；用食指顶住脸颊来回转动，表示“很好吃”、“味道鲜美”；③竖起食指左右摆动表示“不”、“不好”、“不行”；④耸肩摊

罗马斗兽场

掌加上摇头，有时还会加撇嘴，表示“不知道”、“不清楚”。

此外，与人交往，忌讳对方用目光盯视自己，认为盯视是无礼的行为，有不良的企图；忌讳对方用食指侧面触碰额头，认为这有骂自己“笨蛋”、“傻瓜”的意思；还忌讳对方用食指指着自己，说自己听不懂的语言。

意大利人尊重、照顾女士体现在哪

在意大利，男士非常尊重和照顾女士。宴会上，只有女士动刀叉进餐，男士才可用餐；进出电梯，要让女士先行；冬季时，女士进屋脱外套或出屋穿外套，男士应主动上前帮忙。

男女同行，要让女士先走；上车让女士先上，下车男士先下，并给女士开、关门；出入房门，男士要为女士开关门；乘车坐船，男士要主动给女士让座；男女同座，男士不可肆意喧哗。

为什么在意大利打喷嚏或咳嗽要向他人道歉

在意大利，如果当着别人的面打喷嚏或咳嗽，会被认为是不礼貌的行为，因此要马上对身旁的人说“对不起”。而出于礼貌，旁边的人也会马上说“萨尔维”，意思是“祝你健康”。

究其原因，据说意大利人对 20 世纪初世界性大流感心有余悸，人们特别小心，生怕得了感冒。假如得了感冒，便希望马上就好。

小贴士：大流感

在 1918 年横扫世界的大流感中，相关部门根据当时对疾病的研究估算，最保守的死亡人数约为 2100 万。但是，现在的流行病学家估计，当时全球范围内大约有 5000 万至一亿人丧生。

意大利国旗

意大利人的时间观念如何

意大利人的时间观念历来不强，无论赴约还是开会，晚到 15~20 分钟是常见的事。假如迟到时间过长，迟到者往往会以交通拥挤等为理由，或者说声“对不起”就可以。为此，若与意大利人在商务上相约，不要定在早晨或刚吃过午饭的时候；如果日常相约，则不要早到，稍晚一些为好。

在意大利坐公交车、地铁要注意什么

很多游客到了意大利都想尽可能多地了解当地人文风景，因此常常会乘坐公交车、地铁。那么，乘坐这些交通工具，要注意什么呢？

米兰地铁建筑

（1）购票。乘坐公交车、地铁、火车需要在上车前买票。公交车和地铁没有专门的售票点，一般烟草店、书报亭或自动售票机可以购买。车票分为几种，有全天使用的，有多次使用的，但多数都是一次性的（检票后一段有效时间内有效）。

（2）检票。公交车上有检票机，地铁的检票机在进站口，切记不要逃票。因为有时检票员会上车检查，一旦发现乘客没有检票或无票上车，会罚款 50 欧元。

（3）下车。对于乘公交车，还有一些麻烦——没有售票员，也不会报站。要想下车，需提前按铃，如果没有按铃而车站也没人上车，公交车就会直接开走。

在意大利乘火车要注意什么

火车是出游常用的交通工具。在意大利乘坐火车，一定要注意以下几项：

（1）咨询和购票。在意大利，若不清楚火车时段、车型、车次，千万不可直接去售票窗口，以防买到高价票。应该先在自动售票机（有英文）上查询清楚再买。

（2）检票。上火车前，务必在自动打卡机上（黄色的小机器）给车票检票，这样车票才能生效。不然的话，被车上工作人员查到，会遭受罚款（票价的 3 至 5 倍）。

（3）报站。意大利的火车常常晚点，很多时候会晚 30 分钟至 60 分钟，加上火车广播通常只讲意大利语，所以乘客要注意看显示屏——晚点会用红色标记显示。不过，也不能太相信晚点的提示，有时火车到站会比提示的时间更长，有时也会提前，因此要时刻注意报站的提示。

(4)转乘。意大利火车经常转乘，所以要在预订票时确定初始车次、月台以及转乘车次、位置。初始车次并不一定是火车，有时也可能是地铁，而地铁末班车多在 23:30，有时还会提前。因此夜车的初始车次若是地铁，需提前候车。

意大利火车

小贴士：安全

意大利的小偷恶名昭著，游客出行需将包、照相机等物品置于胸前等安全处。若发生丢失、被盗等事件，应及时向附近警察局报案。如丢失护照等重要证件，要立即向中国驻意大利大使馆报告，并申请补发；如丢失飞机票，要立即向原发售单位和所在地代理机构挂失，并申请补票；如丢失支票、信用证，要立即向开证银行和当地银行挂失。

在意大利进行商务活动，要注意什么

意大利罗马以南地区的商人性格较为开放、待人热情，比较注重互相间交流，与他们打交道会很轻松；而罗马以北地区的商人，相对比较谨慎、内向，与他们打交道起初会觉得态度严肃甚至冷淡，不过接触几次，哪怕一次晚餐后，这样的感觉就会不复存在。

意大利商人喜欢漫谈，总能与人谈得投机。双方见面后，一般先谈天气、交通等，然后再转入正题。他们还喜欢谈论文化、艺术、体育运动和国际大事，并且总能与人交谈甚欢。因此，与意大利人交谈不管多么愉快，也不能将其误解成对生意有兴趣。另外，还要特别注意以下事宜：

(1)政治因素。意大利政府内阁经常发生变动，做生意尤其是投资项目一定要谨慎，先调查清楚合作对象的政治背景。不然遇到内阁更迭或其他政治动荡，投资者就有可能面临重大损失。

(2)与商业伙伴的个人关系。在意大利进行商业交往，尽管是公司间的交往，但代表公司出面的个人却拥有很大的权力，与他关系的好坏是决定生意能否成功的重要因素之一。

意大利职业商人

(3)交易对象。在意大利，国家参与制企业的信誉通常较好；但民间企业，特别是南部地区的一些企业，必须仔细考量它们的信誉。

(4)生意合同。生意谈妥后，一定要签具有法律效应的合同，并且要将所有条款明确写入合同，以防日后交易出现不测。

此外，意大利人还特别喜爱体育运动，尤其是足球。每年的甲级队联赛、重要的全国联赛、洲际以及国际的重要赛事都会吸引大量的球迷。因此，在这些时候，不宜和他们安排重要的活动和会议。而每年7月中下旬和8月是意大利休年假的时间，8月企业基本全停。所以在这段时间，也不能联系商务事宜。

非欧盟国家公民入境意大利要注意什么

非欧盟国家公民进入意大利时，个人携带的消费品可免关税，但此类物品不能具有贸易进口性质，总价值也不能超过175欧元(15岁以下人员携带物品价值最高为90欧元)。另外，对一些特定的商品(如酒类、烟草等)，个人携带的免税物如下(每类只能选一项)：

(1)烟草类：①香烟200支；②卷烟100支；③雪茄50支(每支重量不超过3克)；④烟草250克。

(2)酒精饮料类：①超过22度的蒸馏、酒精饮料或纯度超过80%的非变性酒精1升；②等于或小于22度的蒸馏、酒精饮料，开胃葡萄酒、香槟、烈性葡萄酒2升以及低度葡萄酒2升。

(3)香水类：①香水50克；②清新剂250毫升。

(4)咖啡类：①咖啡500克；②咖啡精或浓缩咖啡200克。

(5)茶类：①茶叶100克；②茶精40克。

以上物品不计算在175欧元的免税物品中。如果旅客进入意大利时携带的物品超过了上述规定的限制，应向海关申报；超出免税额的部分应当缴纳关税。如果旅客超额携带并试图欺骗海关逃税，一经发现，将被勒令补交税款。如果逃税额超过4000欧元或逃税的物品为外国生产的烟草，该旅客还将被控以走私罪名，处以逃税额2至10倍的罚款。罚没物品可由旅客赎回，除需支付与物品价值相等的回购款外，还需补交关税及罚金。

小贴士：托运

办托运手续，海关出境办公室还会核实：①航空运输证明与商家开具的发票对商品的描述一致；②商品的寄件人与收件人一致；③航空运输证明与商家开具的发票上注明的旅客本人的身份资料（护照或其他同等效力的证件）一致。

罗马机场的飞机

梵蒂冈

参观梵蒂冈教堂要注意什么

参观梵蒂冈教堂不能穿短裙、短裤或背心。尤其是梵蒂冈的圣彼得教堂，在广场的入教堂必经之路会有人专门负责检查来客的衣着。

小贴士：圣彼得教堂

圣彼得教堂又译为梵蒂冈圣伯铎大殿，是罗马基督教的中心教堂，梵蒂冈罗马教皇的教廷，欧洲天主教徒的朝圣地，全世界第一大教堂。

梵蒂冈教堂

西班牙

和西班牙人交往要注意什么

巴塞罗那城堡风光

西班牙人在正式场合与客人见面，一般行握手礼。亲朋好友间见面，关系普通的男士相互抱一抱肩膀，女士轻轻抱一抱并亲吻双颊；关系密切的往往紧紧相拥。如果被西班牙人邀请来家做客，如非再三邀约，则仅仅是客套说辞；如果对方出示珍藏并表示愿意赠予，也仅仅是特有的客套，不可一口应允。

与西班牙人交谈，不能涉及哪些话题

与西班牙人交谈，不可谈论宗教、家庭和职业，也不可对斗牛有所非议。恰当的话题包含体育运动、旅行和政治（最好不要比较西班牙与美国的政治）。

小贴士：斗牛

斗牛是西班牙的国粹。人们虽然从动物保护的观点上对此有着争议，但是作为西班牙特有的古老传统，仍受到很多人的欢迎。

西班牙斗牛场景

给西班牙人送花要注意什么

西班牙人将石榴花尊为国花，认为其是富贵和吉祥的象征；最忌讳大丽花和菊花，认为其带有死亡之意。如果送花给他们，日期和支数要避免“13”。因为西班牙人认为数字“13”不吉利，象征厄运和灾难。

小贴士：颜色喜好

西班牙人喜欢红色，视其为吉祥、热烈的象征；喜欢黄色，寓意高贵和明朗；喜欢黑色，象征庄严。

女性在西班牙要注意什么

女性在西班牙游玩，要遵守当地一些风俗，否则会引来不必要的麻烦。

（1）外出要戴耳环。在西班牙，女性上街一定要戴耳环。因为西班牙人认为没戴耳环的女性，与没穿衣服一样。因此，女性去西班牙旅行，最好入乡随俗。

（2）慎用扇子。在西班牙，女士用扇子主要不是扇风，而是通过扇子表达一些不便说的话。比如：打开扇子，将脸的下半部遮起来，表示“你喜欢我吗”或“我爱你”；将扇子一个劲地扇，表示“不要靠近我”；将扇子一会儿打开一会儿合上，表示“我非常想念你”；将扇子在手中翻来翻去，表示“你太讨厌了”；将扇子折起来，表示“你这个人不值得一爱”；将扇子扔在桌上，表示“我不喜欢你，我爱的是别人”；在男友面前将打开的扇子支着下巴，表示“下次希望与你早些见面”。

手拿扇子起舞的西班牙女艺人

在西班牙住酒店要注意什么

西班牙人不习惯喝热水，酒店通常没有开水供应，想用热水需自己动手烧。不过，酒店内的自来水可以直接饮用。一般酒店的房间会设有收费电视、电话、有偿饮料和小食品等，使用前要问清费用，以免结账时产生误会。

小贴士：电压

西班牙电压与中国同为220伏，但插口与中国不一样，最好准备好变相插座。

在西班牙从事商务活动要注意什么

享受幸福时刻的西班牙新郎新娘

在西班牙从事商务活动，约会必须要事先约定，一般定在上午10:00至下午1:00或下午4:00至晚上6:00。要注意，西班牙在夏季有以8月为中心的一个月休假日，约见最好不要定在8月。另外，西班牙人对个人信誉十分在意，宁愿遭受损失也不愿公开承认错误。如果在他们可能受到损失前帮助了他们，那往往能赢得他们的友谊和信任。

小贴士：婚礼

西班牙巴斯克人的婚礼习俗比较传统。人们习惯上认为星期二是“吉日”，因此一般在这一天举行婚礼。

在西班牙要注意哪些治安问题

近些年，西班牙的治安状况日益恶化，特别是马德里和巴塞罗那，抢劫、盗窃案频发，而亚裔旅游经商人士最易成为犯罪分子目标。这些犯罪分子多数来自北非和拉美移民，肤色棕黑，以团伙作案为主，作案地点多在市中心旅游景点、地下通道、旅馆门口、火车站和飞机场。作案手段通常有以下几种：告诉你衣服有污渍并热心提供协助,寻机作案;扮成游客,手拿地图问方向,乘机行窃;扮成便衣警察搜查包;蓄意戳破车胎,好心提供协助时趁机行窃;用手臂紧卡受害人脖子或用带有化学药水的手绢致人昏迷;扮成吉普赛人兜售鲜花和其他小物品,乘机下手抢劫。

西班牙国旗

鉴于以上情况，前往西班牙旅游需注意:①尽量结伴外出,注意前后是否有可疑人员。②出行时不要将护照和机票等带在身上(最好将护照、机票等复印,并与正本分开存放)。③不要携带大量现金外出。如果必须要带,应分散装携,以免被一次抢光。④独自旅游,不要接受陌生人交给的食物或饮料。⑤乘火车时,如果在卧铺车厢,夜间要将厢门锁好并加挂门链。行李要捆好枕在头下,贵重财物应分开置于衣服内袋。⑥若遇到持械抢匪,不要盲目反抗,以免受到伤害。⑦通常清晨、午餐时间(下午 2:00 至 4:00)或深夜,是歹徒作案的最佳时机,要特别注意。

假如不幸被窃或遭抢,要立即向警局报案并要求对方发给证明,以便向保险公司申请理赔或补办相关证件。

葡萄牙

在葡萄牙喝葡萄酒有什么讲究

葡萄牙波尔图葡萄酒地窖

葡萄酒是葡萄牙人必不可少的饮料,饭前饭后或招待客人都喜欢饮一些。葡萄牙人非常讲究饮酒的方法,按传统饭前要喝开胃葡萄酒,饭后要喝助消化葡萄酒,用餐过程还会根据菜肴配酒。吃鱼时喝白葡萄酒，吃肉时要饮红葡萄酒,冷拼盘配玫瑰香葡萄酒,吃点心时喝葡萄汽酒。他们这种传统、严格的饮酒习惯沿袭至今，现已成为商务宴请、社交场合和家庭宴饮时的一种礼节和习惯。

小贴士：葡萄酒

葡萄牙酒品质相当不错，如名浩出产的"青酒"(VINHOVERDO)，都乐河流域出产的红酒"都"(DAO)，南部地区出产的"波霸"(BORBA)，口感均不错，是公认的佳酿。

与葡萄牙人交往要注意什么

与葡萄牙人交往，要避谈有关政治和政府的问题，谈论家庭、个人爱好或其国家优点通常较受欢迎。前往当地人家做客，并非一定要带礼物，想回报可以请对方去饭馆吃饭。

小贴士：禁忌

葡萄牙人也忌讳"星期五"和"13"，他们认为这两个数字不吉利，会带来厄运。

在葡萄牙如何称呼别人

葡萄牙国旗

葡萄牙人称呼别人，习惯在人名前加上某种称谓，以表示礼貌或尊重。对男士通常称先生，对妇女称夫人或女士，对未婚女子称小姐或女士，对国家元首、议长、州长等领导人则在名前加"埃塞伦西亚"。书写时，为了体现对国家元首的尊重，不能使用缩写；对教皇、红衣大主教应分别使用"桑地达德"和"埃米能西亚"，切忌直接使用阁下一词。

在葡萄牙乘坐交通工具要注意什么

在葡萄牙出行，尽量选择乘坐出租车，最好不要乘地铁、公共汽车和电车，因为上面的扒手极多。乘坐出租车，如果不懂葡萄牙语，要先将目的地用葡萄牙语写在纸上，因为多数司机都不懂英语。

马德拉出租车

小贴士：租车

外国游客在葡萄牙租车相当方便。要注意，葡萄牙的交通跟国内一样，都靠右边行驶。汽油有 97 号、92 号及高汽三种，1 公升约 140～170 葡币。

在葡萄牙进行商务活动要注意什么

在葡萄牙从事商务活动，无论拜访公私单位，都必须预约。最好的方式是先写信要求何时拜会，待对方同意后再前往。不能赴约一定要提前通知，没有预先通知不可以失约。由于葡萄牙人做事缓慢，约会迟到 15～30 分钟非常正常。因此，不要因他们迟到而生气。一般来讲，会见的地点会安排在咖啡厅或对方的公司。假如对方邀请喝一杯酒、一杯咖啡或不含酒精的饮料，最好不要拒绝。

忙碌中的葡萄牙商务人士

交谈时最好用英语或法语，尽管葡萄牙语是国语，但在商务活动特别是谈判中普遍使用英语。另外，由于葡萄牙人重视礼貌，无论与官场还是商场上的人打交道，通电话时一定要问对方家人的好，然后再谈正事。就算有再重要的事，也不可忽略，否则会让对方觉得你没礼貌。

小贴士：商务礼仪

到葡萄牙从事商务活动，以当年的 10 月至次年的 6 月为最佳时段。这里的中午 12 点至下午 3 点不上班。在这段时间谈商务找不到人。与葡萄牙人谈判时注意穿戴，要有耐心。他们多使用法语、英语、西班牙语。

希 腊

希腊人请喝东西，为什么不能随意拒绝

希腊咖啡

与希腊人交往，如果请客人喝东西（一般为希腊咖啡或希腊烈酒），不要贸然拒绝，否则会被对方视为羞辱。

小贴士：希腊咖啡

希腊咖啡起源于阿拉伯，味浓香郁，用一种名叫"briki"的古典长柄小铜壶烹制。分为浓咖啡（espresso）、加奶的热咖啡（cappuccino）、加奶的冰咖啡（fredo）三种。

女士进入希腊教堂要注意什么

希腊多数人信奉希腊正教。女士进入教堂，一定要身穿长裙（胳膊不能外露），不可走到圣坛后面。

希腊商务男士

与希腊人交谈，哪些话题不能讲

古希腊由于是四大文明古国之一，所以现今希腊人对具有同样悠久历史的中国深有好感。因此，中国人与他们交谈，会有很多话题。不过，话题虽然很多，但仍要避谈一些内容，例如希腊的国内政治以及希腊与塞浦路斯的关系。

小贴士:商务礼仪

到希腊进行商务活动最好在当年9月至次年5月。不宜在圣诞节前后前往。见面时,当地商务人士通常会为你递上一杯浓稠的咖啡,对此不宜拒绝。

在希腊为何不能随意招手或摆手

希腊人不使用招手或摆手动作,因为招手或摆手对他们来讲,是鄙弃人的行为,有让人"下地狱"的意思。他们表示告别,通常将手背向对方招手。

在希腊拍照,为什么不能使用三脚架

在希腊拍照,绝对不能旁若无人地立着三脚架。因为希腊政府有规定,立三脚架拍照,必须经过官方同意。之所以会有这样的规定,是因为希腊当局认为用三脚架拍摄的人,必定是职业摄影家。他们顾虑职业摄影师立三脚架"隆重"地拍摄,很有可能将图片用于商业目的。

小贴士:景点

在希腊游玩,不可错过巴特农神庙、雅典卫城、卫城博物馆、国家考古博物馆、奥林匹克竞技场、奥林匹亚、狄奥尼索斯剧场、无名战士纪念碑、拜占庭博物馆、哈德良拱门、罗马遗迹、宙斯神殿与雅典竞技场等景点。

雅典卫城

希腊人还有哪些禁忌

忌打喷嚏,认为这是不吉利的。若清晨起床时听到喷嚏声,有的还要立即上床睡卧,以此来躲避晦气。

希腊民间崇拜蛇，并喻其为神，还把盐视为圣物。在祭神的时候，忌缺少盐。

他们忌讳“13”、“星期五”；忌讳猫，认为猫会把人引至阴间；忌讳黑色，认为其象征死亡。

信奉伊斯兰教的人禁猪肉和使用猪制品。

希腊国旗

小贴士：性格

希腊人性格开朗，热情好客。他们说话好激动，但并无恶意。若对方口若悬河地说话，你最好恭敬地倾听。

马其顿

与马其顿人交往，要注意什么

马其顿水果

在马其顿工作和生活要遵守当地的风俗习惯。受邀前往马其顿人家做客，可以晚到 10～15 分钟，但切忌过于晚到；送花时，送单数表示喜庆，切记不要送双数；拜访或打电话给人家不能在下午 5 点前，否则是不礼貌的行为。

小贴士：购物

马其顿农产品丰富，蔬菜、水果、肉类、奶制品等供应充足。但是由于制造业不发达，工业产品及日常生活用品大多从国外进口，因此如需特殊商品或数量较大商品时要提前预订。

罗马尼亚

罗马尼亚人喜爱什么花和颜色

罗马尼亚人喜爱玫瑰花，尤其偏爱白玫瑰，认为其象征“纯洁”和“幸福”。故此，他们将玫瑰花喻为国花。走亲访友时，他们送花通常为单数，认为这象征吉利；但祝贺朋友生日时，送花不能为单数。如果在蛋糕边放上两朵鲜花，往往会受到格外欢迎。另外，他们最喜欢的颜色为绿色和白色，认为绿色是美好和幸福的源泉，而白色象征纯洁，可带来光明。

小贴士：白蔷薇

罗马尼亚人把白蔷薇尊为国花，认为其是热情、纯洁、真挚、高贵、朴素和丰收的象征。

罗马尼亚国花——白蔷薇

给罗马尼亚人送礼要注意什么

前往罗马尼亚人家做客，可以给对方家人带鲜花、香水、化妆品、牛仔裤或咖啡等礼物。若给女主人送花，切忌双数和红玫瑰。如果给商界人士送礼，最好为不太贵的印有名字的钢笔或打火机。

小贴士：见面礼节

罗马尼亚男士之间见面多施拥抱、贴面礼，男女相见则多施吻手礼。

罗马尼亚人有哪些日常禁忌

罗马尼亚人主要信奉东正教，其次是天主教和新教。他们忌讳“13”，认为这是令人厌恶的数字。他们最忌“过堂风”,认为“过堂风”容易使人得病。他们不愿谈论政治问题，以及有关罗马尼亚不好的地方。不喜欢吃米饭；忌食油腻大的食品，尤其不爱吃肥肉。忌吃狗肉,认为狗是人类的朋友。

罗马尼亚建筑风光

保加利亚

与保加利亚人交往,应注意哪些细节

保加利亚人在宴请客人时,一般都习惯请客人先入座。为了礼貌起见,他们要让客人坐在长者身旁就餐。这时客人一般不要谢绝;否则,会辜负主人的盛情。如果客人因故不能应邀,则应表示歉意。他们时间观念较强,认为约会准时是礼节问题。他们有些表达方式与我国区别很大,如他们用摇头表示“同意”或“许可”,用点头表示“否定”。保加利亚农村人普遍把打喷嚏视为吉祥的征兆。尤其是谁若在年关打喷嚏，一家之主总会给予奖励。他们酷爱玫瑰花，并把其誉为“花中之王”。

保加利亚人最爱的玫瑰花

保加利亚人有哪些禁忌

保加利亚人信奉基督教、新教、东正教、伊斯兰教。他们忌讳“13”和“星期五”，认为“星期五”若与“13”相逢更会令人恐惧。忌讳有人在就餐时发出咀嚼食物的响声，认为这有失体面。忌闲聊时涉及国内的政治及社会状况等话题。其伊斯兰教徒在饮食上禁食猪肉和使用猪制品，也忌讳谈论有关猪的话题。

保加利亚国旗

阿尔巴尼亚

阿尔巴尼亚人如何表达同意和否定

阿尔巴尼亚人表示态度的方式与中国人有很大区别。比如他们用摇头表示“同意”或“许可”，点头表示“否定”。

阿尔巴尼亚国旗

小贴士：表情及手势

阿尔巴尼亚人讲话时喜欢带表情和手势，比如耸肩、摆手、发嘘声等。他们表示客气、感谢时，除口头说外，还会单手抚胸，上身稍向前倾。

女性在阿尔巴尼亚要注意什么

对于女性旅游者来讲，阿尔巴尼亚很安全。但要注意，地拉那以外地区妇女晚间通常待在家中，待在酒吧和咖啡馆的人多数为男性。虽然这些男人没什么威胁，但酒吧独有一位妇女总是让人不舒服。为此，女性在晚上若去这些地方，最好结伴且衣着保守一点。

阿尔巴尼亚妇女

小贴士:散步

阿尔巴尼亚人晚饭后有成群结队散步的习惯。他们一起散步,通常男左女右。如果两男一女时,女的一定要在中间。

阿尔巴尼亚人有哪些日常禁忌

阿尔巴尼亚 1976 年宪法规定,国家不承认任何宗教。他们忌讳数字“13”,认为这会给人带来厄运和灾难。在饮食上,他们一般都不喜欢吃红烩、煮及带汁的菜;不习惯吃猪肉,有相当数量的人忌食猪肉。他们对红色很感兴趣,许多人对灰色、绿色则不太喜欢。忌谈宗教信仰及政治问题。

马耳他风光

马耳他

马耳他人有哪些日常禁忌

马耳他人绝大多数信奉天主教。忌对当地人的宗教信仰妄加评判。出入宗教场所时须注意着装,忌大声喧哗。忌伤害猫、狗等动物,更不要在当地人面前提及食用动物。忌打听别人隐私等。

俄罗斯

俄罗斯人在饮食上有哪些禁忌

在饮食上，俄罗斯人通常不吃乌贼、海蜇、海参和木耳等。境内的鞑靼人忌吃猪肉、驴肉和骡子肉；犹太人忌吃猪肉，不吃无鳞鱼；伊斯兰教徒忌吃猪肉和使用猪制品。

俄罗斯美食

俄罗斯人喝酒、敬酒有哪些讲究

俄罗斯伏特加

俄罗斯人爱喝酒，在他们眼中不喝酒的男人不是真正的男子汉。他们一般喝酒精含量在40度以上的伏特加、威士忌、白兰地及葡萄酒（啤酒只是平日喝的软饮料，不作为酒类招待客人）。

喝酒时，干杯与我们类似——必须喝得一滴不剩。干杯后，为了礼貌，还要将杯子倒过来，表示酒已喝光。喝完一杯，主人会再给客人斟满，斟了就要喝，否则违反礼节。另外，俄国的酒有很多种，并且酒精含量高，喝酒时要特别小心。不能喝时，千万不要勉强。

小贴士：伏特加

俄罗斯是生产伏特加酒的主要国家。俄罗斯伏特加最初用大麦为原料，后来逐渐改用含淀粉的马铃薯和玉米，酒精含量通常在35%~50%。

俄罗斯人在穿着方面有何禁忌

俄罗斯人忌讳反穿衣服，忌讳衣服穿在身上缝补，忌讳缝制衣服时线缠在一起。此外，还忌讳妇女不戴头巾进教堂。

去俄罗斯旅游，带衣服要注意哪些事项

俄罗斯国土面积巨大，居世界第一位。其大部分地区处于北温带，气候多样，以大陆性气候为主，温差普遍较大。

俄罗斯气候与我国北方相似，一年四季分明。夏季适合旅游，平均气温在20℃~25℃。最高气温为30℃左右，早晚较凉爽。最好携带夏天和春秋两季衣物。一定要带把雨伞。进入10月份后莫斯科的气温基本在10℃以下，且经常下雨或雪，故要准备防寒的服装，包括毛衣、毛裤、风衣和稍厚的鞋袜、防滑鞋。最好带一件防雨的防寒服。

俄罗斯传统妇女

在俄罗斯如何称呼别人

俄罗斯女军人

在俄罗斯，称呼会随场合的不同而变化。比如，正式公文中要写全称，非正式文件一般只用名字和父称的缩写；较正式的场合，要称呼名字加上姓；工作中可称呼姓和职务，外加“同志”一词。另外，若表示礼貌和关系亲近，可以用名和父称，但是对于婚后妇女一定要用大名和父名。

俄罗斯人虽然重视称呼，但如果只和他们进行一般交往，就不必过于拘泥细节。在大街、商店、公共汽车等一般场合，可以称呼对方“您”或“同志”；若进一步交谈，可以按对方年纪和性别，分别称呼“先生”、“女士”、“小姐”、“朋友”、“小伙子”等。

小贴士：同志

指志同道合，为共同信仰及事业奋斗的人。在俄罗斯"同志"一词并未与苏联一同湮没于历史，很多场合俄罗斯人仍习惯称他人为同志。

俄罗斯人见面有哪些礼仪

俄罗斯人在正式场合与朋友见面，一般施以握手礼。如果关系一般，则轻轻握一下；如果关系很好，通常会用力。假如和年长女士握手，不能先伸手，要等对方先伸。另外，除握手礼，他们还常施拥抱礼。关系要好的女士会拥抱亲吻，关系不错的男士拥抱但不亲吻。

此外，他们还施吻礼。一般朋友或长晚辈，多互吻面颊。长辈为了表示疼爱晚辈，会吻晚辈面颊 3 次，通常从左到右再到左；晚辈对长辈表示尊重时，一般也会吻两次。不过，长辈对晚辈还有一种更为亲切和慈爱的表达——吻额。

参加俄罗斯家庭宴会或晚会要注意什么

受邀到俄罗斯人家做客，要先向女主人问好，再向男主人和其他人问好。就座时，不要随便坐下，应坐在主人指定的座位上。切记不要坐在俄罗斯人家的床上，因为他们把床看得很重，除自己的长辈，严禁外人坐床。

参加宴会时，容貌及服装要整洁。宴会上，男士不可以在女士入座前就座，更不可以戴手套与他人握手。见到长者或女士，要先鞠躬，等对方伸出手来才可施握手礼。

小贴士：喝水

在俄罗斯不要饮用水龙头里的水，因为其不符合直接饮用标准。

俄罗斯一家人

俄罗斯人对打碎东西有怎样说法

俄罗斯人将镜子看做是神圣的物品，认为打碎镜子灵魂会毁灭。所以，在俄罗斯千万不要打碎他人的镜子。但是，如果打碎杯、碟、盘等则意味着富贵和幸福。为此俄罗斯人在喜筵、寿筵和其他隆重的场合，还会特意打碎一些用具。

给俄罗斯人送花有什么样的讲究

与很多国家一样，俄罗斯人送礼也喜欢送鲜花。不过，他们对所送花的品种、颜色和数量上的讲究，却多少与其他国家不同。例如：祝愿朋友一帆风顺、心想事成，送紫罗兰和铃草；让人留有美好回忆，送勿忘我；参加婚礼，送白玫瑰；在成人仪式、毕业典礼或者乔迁之喜上，送各种颜色混扎的花；老人退休送代表功勋和长寿的红花。另外，玫瑰和石竹花虽然都代表爱慕之意，但送玫瑰一朵即可，送石竹则越多越好。此外，无论在哪种场合，都不能送带有黄颜色的花，因为黄颜色含有不忠诚和离别之意。

俄罗斯国花——向日葵

小贴士：国花

俄罗斯人认为向日葵向往光明，可以给人带来美好和希望，将其尊为国花。

俄罗斯人忌讳什么动物

俄罗斯人对很多动物都有一定的反感，因此给他们送礼，应避免带有这些动物的图案。他们不喜欢黑猫，如果有黑猫从面前跑过，会认为这是不吉利的征兆。此时，他们往往会向左肩后吐三口唾沫以示驱邪。他们也不喜欢母鸡、喜鹊和兔子，认为母鸡象征愚蠢、没有见识和目光短浅的人，喜鹊象征多嘴多舌、随便乱说的人，兔子象征怯弱、卑微的人。另外，中国人喜欢的龙，在他们看来是最凶残的动物，象征冷酷无情。

小贴士：龙

在俄罗斯等一些西方国家中，龙的英文名“dragon”，是“邪恶”的代名词。要注意，西方的龙和中国的龙不一样，西方的龙长着两扇蝙蝠翅膀（蝙蝠吸血），是一条肥肥胖胖的“大蜥蜴”。

雪中的俄罗斯黑猫

盐在俄罗斯人的心中有着怎样的地位

俄罗斯人对盐有深厚的感情，将盐视为精华，认为盐具有驱邪除灾的力量。所以，在俄罗斯用餐，一定注意不能打翻盐罐或将盐撒到地上，因为这预示会有凶兆。

每当有贵客到来，作为最高礼遇，俄罗斯人会用双手托着垫有漂亮绣花巾的盘子。正中放一块大圆面包，面包上有一个装盐的盐缸，呈给客人以示欢迎。此时，客人要吻一下面包，然后掰下一小块，撒上一些盐，品尝一下。最后，要表示最虔诚的谢意。

为什么不能厌烦俄罗斯人的“冷落”

俄罗斯人之所以被称为“冷面民族”，是因为他们无论在工作，还是平时生活中，往往板着一副严肃的脸孔。那么，他们为何要这样呢？这与他们对微笑的理解有关。他们认为笑要有原因，要发自内心。如果一件事好笑，那么就应开怀大笑，否则应保持严肃。另外，他们认为微笑不是礼仪的需要，与陌生人微笑是轻佻的、有失体面的行为。所以，不要因为俄罗斯人没有对你微笑就觉得受了冷落。

俄罗斯国旗

在俄罗斯的公共场所要注意什么

俄罗斯人在公共场所通常低声交谈或安静沉默，因此在俄罗斯的公共场所讲话不要大声喧哗和用手指点他人。另外，还应注意不要在公共场所内吸烟、吐痰和乱丢东西。

在俄罗斯游玩，要注意什么

在俄罗斯（特别是莫斯科）游玩时一定要随身携带护照、签证和落地签证，缺一不可，否则可能被处以罚款和拘留。还不能独自离开宾馆或团队，不能轻信不熟悉人员（包括中国人）的建议，更不可前往附近的赌场或夜总会。因为俄罗斯警察的名声非常不好，并且具有黑社会性质的团体非常猖獗。

莫斯科克里姆林宫

此外，有两点还需特别注意：①只有在莫斯科的星期日市场才能使用美元，其他地方均要用卢布。②不能私带艺术品出境或私下与市民交换货币，这是非常严重的犯罪行为。

小贴士：治安

俄罗斯治安较差，最好不要单独行动，尤其是晚上。不轻信陌生人的建议，尽量不去赌场、夜总会等。莫斯科对外国人的证件管理极为严格，在街上游玩必须携带护照，否则容易遭到无良警察的勒索。

乌克兰

在乌克兰用餐有哪些讲究

乌克兰人用餐很讲规矩，餐巾只有等饭菜端上餐桌才能打开，并且只能铺在两膝上，不能围在脖颈上。用餐完毕，纸餐巾要叠好放在盘子里，布餐巾则要放在桌子旁边。如果做客乌克兰人家，必须等女主人将餐巾搁在一边，才意味着宴会结束，否则客人不能离开餐桌。另外，用餐过程中不能随意走动、指手画脚、高声说话以及用刀叉敲击碗碟。

小贴士：饮食

按乌克兰人的习惯，午餐、晚餐通常有三道菜：第一道和第二道是主菜，第三道为辅菜。第一道菜通常是热汤类，如汤菜、红甜菜汤等；第二道菜通常是肉、鱼、禽、蛋制品；第三道菜通常是水果、甜食或饮料。

乌克兰美食

乌克兰人对颜色有怎样的看法

乌克兰人忌讳黑色，认为黑色是死亡的色彩。他们只有遇到懊丧之事时，才会使用黑色。另外，他们喜爱各种艳丽的色彩，尤其厚爱红色，视红色为积极向上的色彩，可以给人带来力量。

与乌克兰人交谈要注意什么

与乌克兰人交谈，切忌谈论他们的民族问题、经济问题、政治问题以及与独联体国家的关系。另外，话题也不要涉及他们的个人收入、政治态度等。

小贴士：见面礼仪

握手和拥抱是乌克兰人相见时最普遍的见面礼。男人之间握手要用力一些，如果握手软弱无力，会被误解成无意交往；如果对方是女士，应等女士先伸手。若关系比较亲密，见面时可相互拥抱并互贴面颊。

乌克兰女孩

给乌克兰人送礼要注意什么

给乌克兰人送花，一定要确保数目为奇数，因为偶数的花束是用在葬礼上的。另外，不要送黄色花（尤其是菊花）或复活节百合，因为这些花也是为葬礼准备的。

在乌克兰为何不可以用左手服务

乌克兰人忌讳使用左手服务，认为使用右手才合乎礼仪，单独使用左手是不礼貌的行为。

乌克兰风光

小贴士：其他禁忌

乌克兰居民大多数忌讳“13”和“星期五”。忌讳新年时有穿戴不整的客人上门，认为这表示一年都不吉利。忌讳吃饭时有咀嚼食物的声音。

立陶宛

立陶宛人在日常生活中有哪些忌讳

立陶宛人用餐时讨厌餐具作响，厌恶听见他人咀嚼食物的声音；交谈时非常反感在众人面前耳语；忌讳询问他人的工资、年龄、宗教等私人问题；抽烟时还忌讳一火点三烟，认为这样会给人带来厄运。另外，他们不喜欢吃虾、海味和清蒸类的菜肴；对“13”和“星期五”很反感，认为它们是令人丧气的数字和日期。

立陶宛国旗

小贴士：礼仪

立陶宛人在平时谈吐中，非常注意使用“请”与“谢谢”。在与宾客攀谈时，习惯轻声细语的氛围。他们在社交场合中，无论是行走、乘车等，都习惯对女士给予特殊的优先和照顾。他们喜欢红色，认为红色为喜庆、欢乐、胜利之色。

在立陶宛出行要注意什么

在立陶宛出行，要注意以下几方面：①随身尽量不要携带贵重物品、巨额现金；②最好不要去偏僻昏暗处及非健康娱乐场所；③在饭店、酒吧及交通工具上不要随便接受陌生人物品，特别是食品、饮料，以防接触麻醉性毒品；④不与陌生人交往过密，切忌独自随其活动；⑤如果开车要随手锁车，夜间应将车辆存放在有人看管的停车场；⑥随身应携带护照等证件，以防被查；⑦如果发生意外，应及时拨打当地报警电话，并与中国驻立陶宛大使馆联系。此外，立陶宛是天主教国家，游客参观教堂等宗教场所要保持肃静。

小贴士：语言

立陶宛官方语言为立陶宛语，官方正式资料及文件全部用立陶宛语和英语书就。目前，立陶宛的多数成年人可用俄语交谈，青少年中已开始普及英语、德语教育。

立陶宛城堡风光

入境立陶宛有哪些注意事项

入境立陶宛要注意以下事宜：①携带超过 10 000 立特货币或等值外币，要出示外汇申报单或银行外汇携带证明，否则会遭海关没收并罚款；②携带葡萄酒不能超过 2 升，白酒不能超过 1 升，香烟不能超过 200 支；③可携带不超过 500 克的巧克力或含可可成分的食品；④携带化妆品和日化用品不能超出个人所需。

立陶宛纸币

小贴士：旅游项目推荐

景点：主要旅游景点有维尔纽斯老城、特拉盖城堡、百浪港、尼达、希奥利艾十字架山、杜鲁斯基宁盖等。

美食：黑面包、熏鱼。

娱乐：来立陶宛旅游，千万不要错过正宗的俄罗斯芭蕾舞、歌剧等。

白俄罗斯

白俄罗斯人喜爱和忌讳什么数字

白俄罗斯人喜欢“7”和“7”的倍数，认为“7”是个吉祥的数字。他们不管做什么事，都乐于与“7”打交道。另外，他们非常忌讳“13”，认为“13”是个不吉利的数字，会给人带来灾难。

白俄罗斯女孩

白俄罗斯人有何着装习惯

白俄罗斯民族崇尚白色，认为白色纯真、洁净；喜欢红色，认为红色寓意勇敢，并会给人以鼓舞。忌讳黑色。因此来白俄罗斯旅游，穿白色、红色服装比较受欢迎。

白俄罗斯城堡

为什么不能在白俄罗斯人面前用微笑表示友好

中国人表示友好或礼貌，往往点头微笑。但是与白俄罗斯人打交道，一定不要用这种表情。因为白俄罗斯人表示高兴，往往会开怀大笑；表示轻蔑，也会微微一笑。所以，中国人惯用的微笑表情，通常让白俄罗斯人感到莫名其妙。

白俄罗斯风光

小贴士：交往

白俄罗斯人对以左手搞社交活动的人非常反感，他们认为使用左手为不礼貌的举止。

白俄罗斯人有哪些日常禁忌

白俄罗斯国旗

白俄罗斯多数人信奉俄罗斯东正教，西北地区的人则多信奉天主教。他们十分崇拜盐，认为其能驱邪除灾，故忌讳将盐碰撒，认为其预示不祥。他们忌讳赠送黄色的蔷薇花，认为这是断绝友谊的象征。忌讳社交活动中使用左手，认为这是不礼貌的举止。忌讳黑色，尤其忌讳见到黑猫。一般不爱吃蘑菇和茄子。

非洲旅游区

埃　及

埃及人在饮食方面有什么忌讳

埃及人(穆斯林)禁食猪、狗、蛇、驴肉,不食自死的家禽和牲畜。他们认为真主创造万物,而它们自死,有违真主的意愿,所以不可食。另外,未经放血、灵魂仍处体内的动物也禁食(死鱼除外)。

他们在饮食上严格遵守伊斯兰教的教规,斋月里白天禁吃东西,不吃一切忌物,不吃带汁和没有熟透的菜。食物入口不能复出,吃饭不能和他人讲话,喝热汤及饮料不能发出声响,不能用左手触碰食具和食品。

埃及各种美味水果

小贴士:用水

埃及酒店不供应可饮用的热水,使用热水要自备烧水电器。另外,酒店的自来水不要饮用,用它刷牙也不行。如果想喝水,一定要用瓶装水。

去埃及人家里做客,要注意哪些事项

埃及人热情好客,经常邀请朋友到家做客。初次上门,最好不要送礼,否则有行贿的嫌疑,送一点糖果和巧克力即可。去穆斯林朋友家做客,不要打听女主人,也不要主动跟戴面纱的女性说话。主人送上的茶水,辞行前一定要喝完。若不喝或只喝一半,则暗示主人的女儿嫁不出去。吃饭时无论口味如何,要尽量多吃,以示尊重主人。正式用餐时,忌讳交谈,递送食物或送礼时,忌用左手,他们认为左手不洁。

在埃及穿着方面要注意什么

埃及是伊斯兰教国家,虔诚的穆斯林都穿长袍、戴头巾。为此,在埃及游玩或进行商务活动,最好别穿短袖和短裤。假如穿着过于暴露,可能会有小孩子为表不满,向你身上扔石头。不过,即便没有小孩表示不满,出行时也不要选择暴露的服饰。这是因为埃及的气候非常炎热,特别是帝王谷一带,直射的阳光很快会灼伤裸露的皮肤。为此,作为旅游者,最明智的选择还是穿宽松一点的浅色长袖上衣和长裤。此外,参观清真寺,要将胳膊、腿遮盖严实,穿背心、短裤和超短裙禁止进入(有些清真寺会提供长袍)。

穿长袍的埃及驼队

小贴士:长袍

埃及人称长袍为“杰拉比叶”,其是穿行沙漠最凉爽的服装。这是因为长袍不但阻挡了阳光的直接照射身体,还让吹进袍内的风形成上下流动的通风管,可以将身体的湿气和热气一扫而去,让人感到凉爽舒适。

与埃及人交谈要注意哪些问题

与埃及人交谈，要注意以下问题：①男士不要主动找埃及妇女交谈；②不要夸赞埃及妇女身材苗条，埃及人以体态丰腴为美；③不要称赞埃及人家里的物品，这样的做法会让埃及人理解为想索要此物；④避免和埃及人讨论男女关系、中东时局和宗教纠纷。

小贴士：亲吻的方式

埃及人称亲吻为“布斯”。嘴对嘴的接吻仅限于情人和夫妇之间，公开场合则是禁止。有一种吻——“吹吻”比较有意思，具体做法是，先将右手掌张开，用嘴向手掌吹一口气，把“吻”吹给远处的人。此外，有表示喜悦感情的吻，亲吻脸颊；表示尊敬的吻则是吻手背。

埃及夫妻海岸边亲吻

为什么不要当埃及人面前打哈欠或打喷嚏

在埃及人面前最好不要打哈欠或打喷嚏。如果控制不住，要背过身去，并向他人说声“对不起”。埃及人之所以讨厌打哈欠，是因为他们认为打哈欠是魔鬼在作祟。如果打了哈欠，就会像犯罪一样赶忙说“请真主宽恕”。不过打喷嚏不需要这样，如果在他人面前打了喷嚏，一般会说“我作证，一切非主，唯有真主”，此时旁边的人会说“真主怜爱你”，这个人再接着说“真主宽恕我和大家”。

在埃及为何不能拜访异性

埃及人并不抵触外国人到家拜访，相反还很欢迎，并引以为荣。不过，外国人拜访当地异性是不允许的。就算埃及人之间，异性的同学、同事也不能相互拜访。

埃及艳后服饰

小贴士：对妇女的禁忌

按伊斯兰教教义，妇女的私处是不能让丈夫以外的人见的，即使是同性之间也不例外。因此，禁止穿短、薄、透、露的服装，哪怕是婴儿的身体也要掩盖。在埃及穿背心、短裤和超短裙是严禁到清真寺去的。

为什么埃及人认为左手是肮脏的

埃及人（穆斯林）认为"右比左好"，做事一般都从右开始。比如，握手、用餐、递东西要用右手，穿衣要右手先入袖，穿鞋要先穿右脚，进家门或清真寺要先迈右腿。究其原因，穆斯林在"方便"和做脏活时都用左手，因而认为左手不干净。用左手递东西或与他人握手，在他们看来是极不礼貌的，甚至是带有污辱性的。

在埃及的穆斯林教徒做礼拜时游客应注意什么

埃及近90%的人口信仰伊斯兰教。一天之内他们会跪地祷告五次。情况若允许，他们会去清真寺；情况若不允许，只要清真寺礼拜的唱经声响起，他们便会就地跪下虔诚祷告。此时，如果你恰巧在一旁，千万不要挡在他的前面。否则，就是对他和他的宗教不敬。

开罗穆罕默德·阿里清真寺

小贴士：礼拜

穆斯林教徒每日有五次礼拜，分别为晨礼、晌礼、晡礼、昏礼、宵礼。

为什么不要在意埃及人的一些反常行为

很多埃及人经常将身体的一些生理现象与吉凶联系起来。比如：突然耳鸣，如果右耳鸣是有人在骂他，左耳鸣是亲人在想他、问候他；右眼皮跳预示要有倒霉的事发生，左眼皮跳预示好运将要来临；右手心痒意味有朋友来访，左手心痒预示要交好运。他们的身体一旦出现以上反应，便会或悲或喜，为此游客不必大惊小怪。

埃及人对颜色有怎样的看法

埃及人喜爱绿色和白色，厌恶黑色和蓝色。将真诚坦率的人称作“白心”，将嫉妒奸诈的人称作“黑心”。表达今天美好，会说“白色的一天”；表达今天不幸，则会说“黑色的一天或蓝色的一天”。不过，在服饰的颜色方面，有地位或年老者为显示威望，往往会穿黑色或深色服装。

埃及国旗

在埃及为什么不能任意拍照

很多初次到埃及的人，都会被当地风景吸引，随手举起相机。可是，在埃及有很多东西都是禁止拍摄的。比如，埃及法律规定禁止在机场、公共汽车站、大桥和军事设施处摄影；乡村习俗规定未婚女子不能拍摄。若违反前者，那可能被警察及管理人员没收底片；若违反后者，被拍的未婚女子会被他人看不起，并被父母责骂。

埃及纸币

小贴士：小费

在埃及绝大多数工作都需付小费，但一般数目不大。乘出租车，约付费用的 10%；酒店行李员，每件行李约 50 皮阿斯特；旅馆饭店及夜总会职员，约付账单的 10%；其他一些小服务约 30 皮阿斯特。

埃及人为什么忌讳针

针是每家每户的日常用品，但是在埃及人心中，却有着一层神秘色彩。

在埃及有一条不成文的习俗，每天下午 3:00 ~ 5:00，商店就不卖针。传说，每天的这个时间，天神就会下凡赏赐人们一些生活用品。但是，天神会亲自查看人们的家境，越富有的人得到的赏赐越多，越贫穷的人得到的赏赐越少。然而，穷人家因为没钱买新衣裳，每天都会穿针引线、缝缝补补。所以，商家为了让穷人多得到一些赏赐，在这个时候就不向外卖针；而穷人为了多得到一些赏赐，也不会在这时买针。

埃及金字塔：狮身人面像

在这个传说的影响下，埃及的一些人甚至连夜晚也不敢做针线活，认为这会给母亲带来灾难。另外，在埃及农村有一些妇女还忌讳借针。如果非借不可，那么被借人要将针插在面包里交给借针人，而借针人不能当面将针取出来。此外，针还成为一些妇女对骂的口头语，谁要是被骂为针，那便会如受奇耻大辱。

在埃及从事商务活动要注意什么

埃及传统商务旅行

在埃及，会见客户或朋友，要事先预约。但是，若因特殊情况直接登门，他们通常不会生气，而会微笑表示欢迎。工作方面的会见一般会在办公室进行，会见时他们往往一边交谈一边做其他工作。对于这样的冷落，不要认为受到了怠慢，因为这是他们的会客习惯。

小贴士：时间观念

埃及人从商的经验丰富，时间观念差，很少依照所约定的时间行事。他们口头上常常挂着“请等5分钟”，可是常常到了30分钟还见不到人。如果他们说请等1小时，那么就等于要再约时间了。

摩洛哥

到摩洛哥人家做客，有哪些注意事项

到摩洛哥人家做客，见到主人的夫人，不可以主动握手，更不能显得太亲热。不经主人允许，不能不脱鞋进居室。吃饭时，通常要上三次茶，客人不能谢绝，否则会被认为没礼貌。

摩洛哥美食

在摩洛哥与人交往要注意哪些事项

在摩洛哥走路、坐车、购物和游玩时，最好不和陌生女子搭话，以防被骗。另外，游览、住宿时若遇到热情好客的阿拉伯人，对年长的可称阿蒙，对年长而又是店主的可称哈吉，这样会得到更热情的接待。

小贴士：语言

阿拉伯语是摩洛哥的官方语言，但法语和西班牙语也通行。

摩洛哥人见客有哪些礼节

摩洛哥人很注重礼节，男士与客人相见，通常施拥抱礼和握手礼；女士与客人相见，一般施屈膝礼。握手后为了表示尊敬，还要摸一下胸部或额头。注意：千万不要刚握完就搓手或洗手。

摩洛哥沙漠之旅

在摩洛哥从事商务活动要注意什么

约见摩洛哥人，要对他们的迟到有充分的思想准备，并且还不能有任何责怪。因为，摩洛哥人认为迟到是一种社交风度，早早到达反而失礼。此外，在商业会谈前，最好先递上自己的名片，名片宜用英文、法文印制。

小贴士：做事

摩洛哥人预约不靠谱，松散懒惰现象明显。

摩洛哥人有哪些禁忌

摩洛哥绝大多数人信奉伊斯兰教，其余人信奉基督教和犹太教。他们一般不饮酒，也很少吸烟；进清真寺必须脱鞋。忌讳“13”，认为其是个消极的数字；忌讳白色，认为白色象征贫穷，白色衣服最令人厌弃。非常有意思的是，摩洛哥妇女只能偷偷吃鸡蛋。如果当着丈夫的面吃，会被认为有伤风俗而遭谴责。摩洛哥人禁食猪肉，也忌使用猪制品，一般不爱吃红烩和带汁的菜肴。

摩洛哥国旗

阿尔及利亚

为什么在阿尔及利亚女性最好穿白衣、戴斗篷

在阿尔及利亚等一些国家，经常会看到穿白衣、戴斗篷的女性。记住，千万不能对她们指指点点，或有其他失礼行为。因为当地人对这身打扮的女性非常敬重，白衣、斗篷在他们看来是贞节、纯洁的象征。而在当地游玩的女性，如果以这身打扮四处走动，绝对不会遭到任何危险，相反还能赢得当地人的尊重。

在阿尔及利亚，为什么与人握手要用力

阿尔及利亚人认为，握手用力的程度与受尊敬的程度成正比——越痛越好。为此，与当地人握手要分外用力，否则会被认为“礼数不周”。

小贴士：国旗

阿尔及利亚国旗由竖排的绿白组成，中央嵌红色月牙和五角星。绿色象征伊斯兰教，白色象征纯洁。

阿尔及利亚国旗

为什么女性在阿尔及利亚只能逛店购物

阿尔及利亚人认为，女性独自乱走是缺乏“品格”的行为，身为淑女绝不会做这种事。但是，逛店购物例外，唯有这时才可以独自行动。自然，女性想独自进餐厅、戏院，也是不可能的事。

阿尔及利亚人在生活习俗上有哪些特点

阿尔及利亚人与其他信奉伊斯兰教国家的人在生活习俗上有较大的区别。其妇女比较开化，男子却相对保守；妇女不戴面纱，出入自由，而男子到25岁左右，则要将全身用布遮住，仅露两只眼睛。遇节假日接待宾客时，习惯用三杯茶欢迎客人。客人只有把茶喝完才算合乎礼节。其时间观念不强，有约会迟到的习惯。特别喜爱白色，认为白色象征和平、心灵纯洁。偏爱乌鸦，认为其象征兴旺和吉祥，并具有奉献品质。更喜欢鹤，认为它美丽、华贵，象征喜庆和长寿。喜欢乌龟，认为它温顺、善良，象征着吉祥、长寿。

阿尔及利亚纸币

小贴士：小费

在阿尔及利亚乘计程车付10%小费，行李1第纳尔／件。在饭店、旅馆，虽一般10%的小费已附加入账单内，但往往还要另付5%~10%给侍者。

阿尔及利亚人有哪些禁忌

阿尔及利亚绝大多数人信奉伊斯兰教，“斋月”期间一天均不能沾水米。虽盛产葡萄酒，商店却忌卖酒，家庭忌饮酒。忌讳左手传递东西或食物；忌谈论政治和工业带来的问题。禁食猪肉、自死动物肉、血液、海参、蟹等；忌吃姜和带腥味的食品；忌讳使用猪制品。

阿尔及利亚沙漠风光

突尼斯

在突尼斯为何不能用沙子清洗餐具

撒哈拉沙漠的细细沙子很容易将餐具清洁干净，可是突尼斯人清洁餐具时宁愿用珍贵的水也不用这些沙子，这是为什么？因为突尼斯人认为用沙子清洁餐具，是对神灵的亵渎，所以清洗餐具只好用珍贵的水。为此，在突尼斯游玩，一定要带足水，万一没有水，清洗餐具也不能用沙子。

为什么女性在突尼斯不能穿无袖的衣服

突尼斯虽然是现代化国家，但民风非常保守。女性前往游玩，千万不能袒胸露臂。即便在海滩上，女性也要在泳衣外面套上一件大T恤和短裤。因为突尼斯的法律规定，女性不能穿无袖的衣服，否则将受处罚。

突尼斯妇女

小贴士：穿着

突尼斯是伊斯兰教国家，参观清真寺或博物馆时，不可穿露背装、短裤和高跟鞋等。

给突尼斯人送礼要注意什么

突尼斯90%的人口是阿拉伯人，他们都是虔诚的穆斯林，不抽烟，不喝酒。因此给突尼斯人送礼最好不要送香烟和酒，较为适宜的礼物是糖果和茶叶。

小贴士:国旗

突尼斯国旗呈长方形,长宽之比为3:2。旗面为红色,中心有一白色圆地,圆地中有一弯红色新月和一颗红色五角星。

突尼斯国旗

突尼斯人有哪些禁忌

突尼斯是伊斯兰教国家,禁食猪肉和内脏,忌讳使用猪制品,忌谈有关猪的一切;参观清真寺或博物馆时,不可穿裸露身体的装束;忌谈政治、宗教等话题;忌在政府或警察部门门口照相;忌讳饭前直接提及公事;忌讳用左手传递东西或食物;忌打听、询问工资情况;忌初次见面送礼,认为这样有行贿的企图;忌用酒作礼品;忌讳数字"13";商店服务员忌听到客人说"太贵"一词;不喜欢红烩带汁的菜。

苏　丹

在苏丹可以喝酒吗

在苏丹不能喝酒,并且前往时也不能带任何含有酒精的饮料。因为苏丹全面禁酒,若被发现,很可能被判刑。

在苏丹吃东西要注意什么

在苏丹,建议只喝瓶装饮料(包括水)或沸水制成的饮料。切记不要食用冰块、生海鲜、半熟肉类或乳制品。另外,不要光顾路边摊。

苏丹海边拥抱的妇女

在苏丹可以穿短袖吗

苏丹麦罗埃金字塔

苏丹天气非常热，平均温度都在30°C左右。所以前往苏丹最好不要穿短袖，以免晒伤手臂。

小贴士：旅游时间

苏丹最佳旅游时间是9月至次年3月，此时气候没有那么炎热，适宜旅行。

前往苏丹为什么要打疫苗

苏丹当地医疗条件较差，多发疟疾和黄热病。为此，前往旅行有必要打各类疫苗进行预防。

入境苏丹有哪些注意事项

入境苏丹必须持有效苏丹签证（外交护照、公务护照免办签证）；入境3天内必须到当地移民局办理居留登记手续。另外，海关对入境者免征关税的物品有衣服、化妆品、香烟2条、雪茄25支；征收关税的物品有摄像机、高档电器等。此外，入境人员的所有行李都要开箱检查（外交护照、公务护照除外）。

苏丹国旗

小贴士：签证

申办苏丹入境签证须提供：有效期在6个月以上的护照；经过苏丹驻华使馆确认的苏丹注册公司的近期邀请函件；照片及填写签证申请表。

苏丹人有哪些禁忌

苏丹73%的人信奉伊斯兰教。他们忌讳用左手传递食物或东西；忌讳有人随便与其国家的女性交谈、握手或接触。妇女忌讳挤奶，认为挤奶是男人的事。别扎部落的男人忌提母亲和姐妹的名字，否则，便被认为没有教养。他们忌用狗作为商品的商标；禁食猪肉和使用猪制品，不饮酒，不吃怪形食物、海鲜、虾、动物内脏，不爱吃红烩带汁的菜肴。

埃塞俄比亚

在埃塞俄比亚穿衣要注意什么

前往埃塞俄比亚人家做客，千万不要穿黄色服装，因为当地人将其看做是悼念死者的服饰，认为它会带来不幸。

埃塞俄比亚人有哪些日常禁忌

埃塞俄比亚人在接受礼物时，表示高兴接受要伸出双手，表示勉强接受要伸出一只手。依Coptic历法，有许多节日禁止食用动物及其制品。不管在什么地方遇到埃塞俄比亚人，都不要伸舌头，否则会被认为轻蔑和侮辱。在当地旅馆不要喝酒，也不要随便吸烟。

埃塞俄比亚国旗

忌谈及政治与伊斯兰教方面的话题；他们喜爱鲜艳明亮的颜色，忌黑色及宗教象征图案；出门做客忌穿黄色服装，因为哀悼死者时穿淡黄色服饰。

肯尼亚

在肯尼亚可以喝自然水吗

在肯尼亚，无论怎样口渴都不要喝未经处理的自然水，也不能在其中游泳。因为这些水中通常都寄生着血吸虫，它们会攻击人体的一些器官。如果口渴，可以到酒店或市场买瓶装水。

在肯尼亚穿着上要注意什么

肯尼亚虽然处于热带，但是除沿海地区属真正热带气候外，其他地方白天温和、早晚清凉。值得注意的是，虽然每日气温不高，但因离赤道线近，紫外线很强，所以随身要戴遮阳帽、防晒霜和太阳镜。另外，若在首都内罗毕大饭店和肯雅山狩猎俱乐部用晚餐，男士必须穿西装打领带，女士必须穿长裙。

着盛装的肯尼亚妇女

小贴士：穿着

肯尼亚人对于衣着没有太多的讲究。但是女士若在穆斯林为主的地区，应尽量穿不暴露手臂和腿的服装。

在肯尼亚拍照有哪些注意事项

在肯尼亚，给当地人拍照要经过他们的同意，否则会引来不必要的麻烦。因为肯尼亚有很多人相信相机会带走人的灵魂。另外，位于内罗毕市内的美国大使馆附近禁止照相。

小贴士：摄影

在肯尼亚野生动物园摄影，建议携带适于快速拍摄的相机，因为动物不会摆好姿势等你，最好再带上远镜头。

游客在野生动物保护区内要注意什么

肯尼亚野生动物

在野生动物保护区要特别注意以下几点：①不能喋喋不休地说话。要知道，动物的听觉非常敏锐。②不能随意走到车外。不要以为周围看不到动物就安全，说不定草丛中正有猛兽虎视眈眈地盯着你。③不能随意点火。曾经有人点烟后，将火柴随意一丢，结果引发了一场大火。④不要乱扔垃圾、污染水源、破坏自然植被、给动物投喂食物、伤害野生动物等。

肯尼亚人有哪些禁忌

忌讳用左手同主人握手、行礼、接递物品或者抓饭吃；忌随意进入主人家卧室，尤其是女主人或者其他家眷的卧室，更不可进；忌打听信奉拜物教家庭摆着的木偶、图案、标记等的用途，更不可用手去触摸；忌讳谈话时用手摸鼻子或者挖耳朵；忌手心向下地比画着询问儿童年龄；忌谈及有关猪一类的话题，忌提及政治问题和20世纪50年代的茅茅运动；禁用Negro、Black；忌瞪眼看对方；忌吃得一物不剩；忌拍摄人、房屋、家畜。

肯尼亚国旗

坦桑尼亚

坦桑尼亚人有哪些禁忌

坦桑尼亚渔民

坦桑尼亚人忌讳左手传递东西或食物；忌讳直呼其名；忌讳“13”；伊斯兰教徒禁食猪肉和使用猪制品，也忌讳谈论有关猪的问题；忌食飞禽，包括鸡和鸡蛋；忌食昆虫；忌饮酒；忌生人随便进入自己家门及进入卧室；有前后门的家，忌客人从后门进入。

乌干达

乌干达人有哪些禁忌

乌干达的卡拉莫贾人身材高大、力气惊人，一般不穿衣服。虽然妇女会有一些装饰，但也只是用兽皮遮挡下身。这是因为他们认为穿衣会得疾病。另外，他们不愿意向外人透露有多少财物。所以，游客在当地游玩，切记不要问主人有多少财物，养有多少牛羊等。此外，还不能数他们养的牛或用手指小牛。他们认为，数牛会使牛丢失，用手指着小牛会使小牛生病。

小贴士：蚊虫

乌干达疟疾发病率较高，前往旅游要注意预防蚊虫叮咬。

乌干达冕鹤

尼日利亚

为什么在尼日利亚不能将食物全部吃完

在尼日利亚西部的一些地方，有一种特别奇怪的吃饭方式——不能将食物吃干净。更怪的是，剩下的食物他们会留到第二天才丢掉。这是因为当地人认为，剩下的食物是留给圣灵的，不然圣灵会责怪降灾。为此，前往尼日利亚游玩，千万不能因为饭菜美味可口，就吃得干干净净。

小贴士：饮食

尼日利亚地处热带地区，卫生环境很差。由于当地疟疾、霍乱、脑炎、肝炎、尸虫病、伤寒等疾病广泛流行，所以切忌食用腐败变质食物和饮用生水。

尼日利亚国旗

在尼日利亚，为什么穿鞋戴帽会挨打

每年的6月初，为了纪念国王奥巴，尼日利亚人都会举办耶奥化妆节。每到这个时候，人们便会聚集在国王故居，进行祭拜活动。祭拜完毕，他们会身穿白色长袍，手持长长的棕榈木棒进行环岛游行。此时，有这样一条戒律：凡迎面走来的人，一定要赤脚、头上无饰物，否则会遭到游行者木棒“伺候”。

化妆后的尼日利亚人

小贴士：柯拉果

尼日利亚伊博人对“柯拉果”极为崇拜，将其视为解决一切问题的“金钥匙”，启发良心的“种果”。因此，每遇到纠纷时，伊博人总要摆出柯拉果，由受人尊敬的长者执刀将其切成小块分给当事人。据说人们一旦吃下它，所有问题也就会自行解决。

尼日利亚对签证有哪些规定

（1）过境签证。该证发给在尼日利亚拟停留不超过 7 天、一次性过境者；对直接转机者，颁发可以停留 48 小时的过境签证。申请过境签证要提供以下材料：①继续前行的联程机票；②旅行兑换凭证；③足够前行的经费；④有效护照。

（2）访问签证。该证发给来尼日利亚访问的人员，签证有效期为一个月。访问期间不可以经商、工作，若时间不够可向移民当局提出延期申请，能延期一次（3 个月）。若想长期居留、工作，应向移民局申请临时居留和工作签证。申请人要提供以下材料：①往返机票；②访问地址；③接待单位的邀请信和足够的经费证明。

尼日利亚纸币

小贴士：海关

入境尼日利亚时不得携带动植物、毒品和其他国际禁运物品。每次入境最多可携带 5000 美元，超过则需申报。

尼日利亚人有哪些忌讳

尼日利亚居民中有近半数人信奉伊斯兰教，34.5%信奉基督教，12.3%信奉其他宗教。在交谈中，他们忌盯视对方，也忌对方盯视自己；忌讳用左手传递东西或食物，认为左手下贱、肮脏；忌讳“13”，认为它会带来厄运；已婚妇女最忌吃鸡蛋，认为妇女吃了鸡蛋就不会生育，因其外形似零；忌谈论政治，特别是有关非洲的政治问题；忌用右手的食指（不祥之物）指向自己，认为是一种挑衅的举动；更忌伸出手并张开五指对向自己，这相当

尼日利亚的菲蒂族人爱马如命

于辱骂祖宗；信奉伊斯兰教的人禁食猪肉和使用猪制品。

小贴士：马

尼日利亚的菲蒂族人惜马如命，从不吃马肉。如果马死了，全家人会像死去亲人一样悲伤，并为其举行安葬仪式，将马尾悬挂在最显眼的地方，连续为之祈祷达三年之久。

加　纳

加纳人有哪些日常禁忌

加纳国旗

加纳人忌讳有人拿他开玩笑，或用过头的语言来讽刺或讥笑他；忌用左手接别人送上的东西；忌“13”、“17”、“71”；忌讳客人一进门就向他们打听厕所在何方；忌讳收礼者毫不在意；伊斯兰教徒禁食猪肉，忌讳使用猪制品，也反对有人谈论猪。

刚　果

在刚果为何不能超越灵车

在刚果，无论是成年人死亡还是婴儿夭折，都会举行隆重的葬礼。一般情况下，死者的亲属少则几十人，多则几百、上千人聚集在医院太平间外的广场上，为死者举办驱魔仪式。驱魔仪式完毕，死者的棺木会被置于灵车内，前面有警车鸣笛开道，后面有亲属乘坐的几十辆各式汽车护灵，再后面有唱着哀歌、击掌顿足的妇女队伍。此时，路上所有车辆必须为灵车让道。如果是同方向车辆，还不得超越。否则不但死者的亲属会生气，就连无关紧要的当地人也会指责。

小贴士：安全

夜间尽量避免独自外出，外出时最好开车；妥善保管护照、身份证件、各类票证和钱物；随身携带护照的复印件及有关应急电话，以防被非法检查人员敲诈勒索。

刚果共和国国旗

刚果人有哪些禁忌

在刚果，公开场合忌男女亲吻，外来人员也应如此；忌男子同他的岳母接触，亲族通奸是最严重的罪行之一；部分居民忌讳“13”和星期五；少数人不喜欢熊猫；忌谈原始图腾崇拜习俗的由来及其在生活中的影响。

南 非

在南非为什么不能目不转睛地盯着当地人

南非黑人

在南非有一个迷信：被他人瞪眼看着的人，不是要发生灾祸，就是要被死神找上。为此，在南非与当地人交谈，切忌目不转睛地瞪着对方。

小贴士：社交

在社交场合南非人所采用的普遍见面礼节是握手礼，他们称呼交往对象为“先生”、“小姐”或“夫人”。

与南非黑人交谈时要注意什么

与南非黑人交谈，以下话题切莫涉及：不要为白人评功说好；不要讨论不同黑人部族或派别之间的关系及其矛盾；不要非议黑人的古老习俗；不要向生了男孩的人家表示祝贺，这件事在很多部族中并不令人欣喜。

在南非为什么不要在繁华地区张扬

南非人民贫富分化严重，像约翰内斯堡黑人区，治安环境还相当恶劣。犯罪形式主要是持刀、枪抢劫财物、车辆及施暴、强奸等。若到这些繁华地带游玩，最好以车代步（要将车窗摇上），切忌穿金戴银独自走在街上。万一遭遇抢劫，不要反抗，事后报警（出行时身上最好带几十元钱，以图买个平安）。

南非国旗

小贴士：电话

报警电话 10111；急救服务电话 999。

在南非为什么不能随意拍照

在南非，人、房屋、家畜一律不准拍摄。如果想拍，一定要经过对方或主人的同意，否则很可能引起不必要的麻烦。

游览南非野生动物园要注意什么

到南非旅游，参观野生动物园是一大趣事。不过，坐观光车游览时，切记不要随意将手和头伸出车窗。尤其是夜游野生动物园，一定要听从向导的安排，严格按规定在车内观赏。否则，一旦遭遇野兽，很可能发生不测。

小贴士：河水

南非水域内有血吸虫，下水前务必特别小心！

南非野生动物园的长颈鹿

毛里求斯

在毛里求斯用晚餐要注意什么

毛里求斯人一天中最正式的一餐是晚餐，他们非常忌讳有人在这时穿短裤和拖鞋。如果有人不遵守，那么东道主会毫不客气地请他出去，即便在酒店也一样。

毛里求斯田园风光

小贴士：餐饮

毛里求斯集合了各民族的独特饮食习惯，如著名的印度咖喱、东非烧鸡、英国烧牛肉、客家梅菜扣肉等。另外，岛上还盛产水果和海鲜，种类繁多，价钱适宜。

在毛里求斯说什么语言比较好

毛里求斯人愿意说法语。他们认为说法语意味有身份，如果和他们说英语，那是看不起他们。

赞比亚

在赞比亚，穿着上应注意什么

前往赞比亚，如果户外活动较多，最好带上墨镜、防晒霜和遮阳伞。若 4 月过后前往，应准备外套（薄厚各一件）、春秋衫和毛衣。

为什么在赞比亚要防蚊子

赞比亚12月到次年3月是雨季，蚊子非常多，并且很多都带疟原虫，一定要有所预防。

小贴士：疾病

赞比亚卫生条件较差，主要的疾病有疟疾、艾滋病、肺结核、腹泻、霍乱、性病、麻疹、伤寒和麻风病等，游客前往要特别注意。

正在收马铃薯的赞比亚农民

赞比亚人有何日常禁忌

赞比亚72%的人信奉基督教。他们忌讳别人从自己背后穿过；忌讳“13”；忌讳他人用手指着自己说三道四；忌讳有人以右手握拳挥动着手臂对待他们，这种动作意为“诅咒与谩骂”；忌对异性直接目光接触，这可能带有求爱的暗示；偶数是积极吉利的象征，忌与奇数打交道；忌谈党派之争；女主人一般不接待客人；忌用左手递东西；忌拍摄总统官邸、政府建筑物、邮政局、警察署、桥梁、机场等军事设施，若对女人、小孩等拍照，他们会认为是莫大的耻辱，会立刻叫警察来将人抓进拘留所。

赞比亚村头风光

美　国

在美国喝酒要注意什么

在美国人的宴会上，很少看到烂醉如泥的人。即便喝多了，他们也会努力克制，直到宴会结束回到自己的房间，才倒头不起。如果当场大醉，会让众人鄙视。

美国鸡尾酒

小贴士：酒类

美国的酒大致可分为啤酒、鸡尾酒、威士忌和葡萄酒。但值得注意的是：标有"Chablis"商标的葡萄酒并非法国所产的无甜味的白葡萄酒，而是美国加利弗尼亚州生产的白葡萄酒，该酒在美国享有盛誉。

在美国吃东西要注意哪些法律法规

在美国吃东西，不能无所顾忌。在一些地区，对所吃的食物还有明文规定。比如：堪萨斯州法律规定周日公民不能吃蛇肉，否则处以监禁；印第安纳州的威诺纳湖区规定周日不能在柜台边吃冰激凌；新泽西州规定在餐馆喝汤不能发出“咕嘟”的声音，否则处以拘留；内布拉斯州的活特卢法律规定，理发师不能在上午7点至下午7点吃洋葱；印第安纳州法律规定，吃蒜后4小时内不能乘电车或者去影、剧院。

美国人用餐有哪些忌讳

美国人在用餐方面有很多忌讳，比如：将餐巾放在大腿上，切忌插入衣服或放在餐桌上；坐着时双手要放松，切忌将双手和胳膊长时间放在餐桌上；取菜的公共餐具，用完后要放回原处；鱼刺、骨头及食物残渣要放入盘内，切忌放在餐桌上。另外，还应注意：进餐时不能发出声响；不能替他人取菜、夹菜；不能剩食；不能吸烟；不能劝酒；不能当众宽衣解带；不能讨论令人作呕之事。

美国自助餐

小贴士：自助餐

在美国吃自助餐，一定要吃多少取多少，不能带走也不能剩下。

美国人忌食什么

美国人不吃动物的脚和内脏；不吃蒜；不吃太辣食物；不喜欢吃肥肉；不爱吃清蒸和红烩菜肴。另外，美国人对气味比较敏感，特别讨厌大蒜和韭菜的气味。因此，吃完蒜或韭菜要刷牙漱口，不然一定会引起对方不满。

在美国女性穿着打扮要注意什么

在美国，女性最好不要穿黑色皮裙，因为这是美国从事“特殊”工作的女性常用服装。另外，出入公共场合还不能化艳妆，更忌当众化妆、补妆。这不仅让人觉得缺乏教养，还会让人觉得“身份可疑”。此外，在室内要摘掉墨镜，否则会被误解为“见不了光的人”。

小贴士：服装

美国著名的服装品牌有圣大保罗、皮尔·卡丹、唐纳·卡兰、耐克、拉夫·劳伦、李维·斯特劳斯、安娜·苏等。

美国牛仔

在美国为什么不能随便脱鞋袜

在美国，如果在他人面前赤脚或脱鞋，会被视为不懂礼节、缺乏教养的野蛮人。如果鞋带开了，那应走到没人的地方系好。尤其是女士要特别注意，不能随便在男士面前脱鞋或撩动裙下摆，因为这有“你爱做什么就做什么”的意思。只有在卧室或者热恋的男女之间，才能随便脱鞋。另外，在别人面前拉下袜子、拉扯袜带也是非常不礼貌的。

在美国住宿要注意什么

美国的宾馆、饭店遍布全国，住宿非常方便。但是，住宿的价格差异较大。一般来讲，名字带有 Hotel 的属最高级别，住宿价格通常不低于 100 美元 / 天；其次是 Inn，价格通常在 80 ~ 150 美元 / 天；再次是 Motel，价格通常在 50 ~ 80 美元 / 天。注意，在这些价格中，有些包含早餐，有些不包含，入住前要问清楚。此外，入住后每天要给服务员留下 1 ~ 2 美元的小费。因为很多地方服务员并没有固定工资，也就是说他们的工资就是小费。

美国佛罗里达州的高级酒店

另外，根据美国的环保法，酒店内不提供拖鞋、睡衣、牙刷、洗发液、浴液等，因此住酒店要自备洗漱用品。另外，入住酒店要保持安静，不能大声吵闹。退房时，不能擅取房内任何物品，如果想留纪念，可以告诉酒店工作人员（需付费）；所有私人花费的费用（包括电话费、洗衣费、饮料费等），要在退房时结清。

小贴士：安全

不管住高级宾馆还是经济旅店，都要将房门内侧的链条锁上。如果有人敲门，应当先问清楚再开门。若遇到抢劫等犯罪行为，不要强行反抗，事后拨打 911 报警。

在美国过马路、开车要注意什么

在美国，行人过马路必须走人行横道，并要等指示灯变绿后才能走。因为美国司机不认为有人会闯红灯、横穿马路，车速通常都很快。如果闯红灯或横穿马路，那司机可能来不及刹车。另外，开车若到了没有红绿指示灯的路口，要缓慢停在 STOP 标志前，并注意观察路口或其他方向有无车辆。还有，开车并线，特别从辅路进入主路，必须注意相邻车道的车辆，等有足够的间隙才可驶入。这些是美国人的开车习惯，如果不注意很有可能发生意外。

在美国为什么不能随便搭车

在美国旅行，切不可随便搭车，这是因为美国社会治安不容乐观——搭便车遭遇抢劫或凌辱的案件屡见不鲜。一些违法之徒看到独自走在路上的女性，便会主动停车要求送上一程，如果上了他的车，无异于羊入虎口。所以，遇到这样的情况，不要搭话，直接冷言拒绝。另外，开车时遇到想搭便车的人，也不能随意应承。因为一些违法之徒会借着搭车理由，上车诈取钱财。

纽约地铁站

小贴士：地铁

美国的地铁，特别是纽约的地铁，极为混乱，一到夜间便成为罪犯聚集之地。如果夜间乘地铁出了事，警察不仅不会给予同情，还会责问：谁让你夜间乘地铁的？这责任全在于你自己。为此，在美国夜间最好不要乘地铁。

在美国乘公共汽车要注意什么

美国的公共汽车没有售票员，因此乘坐前，最好先确认下车站，并准备好零钱。上车不能从后门上，不能坐在老、弱、病、残、孕专座（一般在前门，座位上有标志）。另外，不能逃票（不购票或使用过期废票），如果被检票人员查到，会面临数倍的罚款。

与美国人交往为什么不能含糊其辞

与美国人交往，无论同意或否定，都要明确表示。很多中国人比较含蓄，感觉直接说“No”或“Yes”难以启齿，为此往往以委婉、含蓄等作为表达方式。可是，这样的方式在美国却行不通。因为含糊其辞或沉默不语往往会让美国人一头雾水，不知道你究竟想表达什么。

美国国旗

小贴士：迎接客人禁忌

美国人忌讳穿着睡衣去开门迎接客人，这样会被客人误解为主人要休息了，来得不是时候。

与美国人交往为什么不能谦虚

由于文化背景不同，中国人将谦虚视为美德，而美国人却视为虚伪。与人交往，美国人习惯实事求是、坦率直言。即便作自我介绍，也往往将实情说出。对那些谦虚、客套的表白十分不习惯；而过分的客套和过头的谦虚，甚至会让他们觉得是无能和心怀鬼胎的表现。

给美国人送礼有哪些讲究

美国纸币

给美国人送礼，要送得有意义，不能随意乱送。否则，对方不仅不会感激，还会疑心你另有所图。如果不知送什么礼，那可以送鲜花。这在做客或参加宴会时都是得体的，但切忌送白色的百合花。商务送礼，一般都在初次的商务会议上。要注意，礼物不能带有本公司的标志（有做广告之嫌），也不能太贵（美国法律规定商务送礼只能送相当于付25美元税的商品）。

与美国人交谈要避开什么话题

与美国人交谈，不能问年龄和私人问题；不能问对方所购物的价格；不能涉及“自杀”话题；不能只谈自己关心和个人业务上的事；尽量避谈有关政治、宗教和种族肤色等。

小贴士：争论

美国人喜欢争论，不喜欢沉默。通过争论达成共识。若达不成共识，则通过举手或投票表决。好争论的习惯让美国人好冒险，好挑战，富于创新。

在美国为什么不能随便说 I am sorry

I am sorry 和 Excuse me 都是“抱歉”、“对不起”的意思。但 Excuse me 是轻描淡写的致歉语；而 I am sorry 则是语气较重，有着“承认犯了错”的意思。因此，与美国人交流，不要随便使用 I am sorry。否则，为了客气而轻易说出，常会被对方抓住把柄，追究原本不属于你的责任。

正在祈祷的美国女基督徒

小贴士：初次见面问候

与美国人初次见面不宜问“What's your name”，也不宜问“What are you doing”或“Where are you going”等。否则，会被误认为在刺探他人的私事。

为什么在美国要慎言“老”

中国人尽管也不愿变老，但老年人却欣然接受他人称呼“您老”、“老人家”、“老大哥”等，并认为这些称呼含有敬重、资深、权威之意。但是美国人刚好相反，非常忌讳别人问起年龄，甚至因为对“老”极度恐惧，还忌讳称呼任何与“老”相关的词。为此，在美国要慎言“老”，否则很容易产生误会。

在美国为什么不能随意微笑

任何人都喜欢笑容，但在美国微笑要分场合。因为在某些情况下，微笑往往代表别的含义。特别是女性，不明所以的微笑，有时会被误认为“默认”，有时会被误认为“耻笑”……由此带来很多不必要的误会。

美国商务礼仪

小贴士：工作观念

美国人视工作为生命的一部分。他们认为再富有，也要有自己的工作；认为闲着没事干是有罪的；认为工作是个人能力、价值的体现。

在美国可以使用 Negro 吗

在美国，种族和肤色是敏感话题，要尽量避谈。而 Negro 有“黑人”的意思，特别针对从非洲贩卖到美国为奴的黑人。为此，与美国人交谈，如果避不开此类话题，需将黑人称为 black people，否则会带来不必要的麻烦。

小贴士：种族问题

美国建国 200 年后，出现了马丁·路德·金为黑人争取权利的运动。可惜，马丁·路德·金最终还是被种族主义者刺杀身亡。

在美国遇到陌生人要注意什么

美国黑人青少年

在美国，如果与迎面走来的人打照面，不能立刻将视线移开或将脸转向一边。美国人的习惯是用目光互相致意，否则会被视为没有礼貌。另外，早晨在路上散步，如果遇到擦肩而过的人，他们通常都会说声“早上好”。当然，如果在人较多的路上，则不必这样。

美国人有哪些不同的手势

中国人指自己，通常指指自己胸口；而美国人指自己，则指着自己鼻尖。招呼别人过来，中国人常常招招手，而美国人认为这是“再见”。美国人让别人过来是将手指向自己，然后中指和食指朝着自己轻晃几下。另外，他们将食指和大拇指搭成圈，其余三个手指向上伸开，表示“好”或“同意”。

在美国同性不能共舞吗

同性不能共舞，这是美国众所周知的社交礼仪。同性如果一起跳舞，他人肯定会投以责备的目光或者认为是同性恋者。因此，就算找不到异性舞伴，也不能与同性共舞。

度假中的美国夫妻

小贴士：婚姻观念

美国人结婚前可以有多个异性朋友，但结婚后都希望自己为对方的唯一。一旦发现有人插足，离婚势必难免。美国离婚率很高，大约为60%。

美国人送客有何不同

中国人送客总是依依不舍，觉得送得越远感情越深。可美国人却没有这样的习惯，有时客人走了也会闭门不出。为此，在美国人家做客，不要因为主人没有远送、惜别而觉得受了怠慢。

在美国酒吧女性要注意什么

酒吧是让人休闲放松的地方，女性在此喝酒要注意一些事宜。例如：在酒吧，单独喝酒或几个女性聚在一起喝酒，会被视为“在等男人的女人”，不懂此情的女性很可能会受到一些男性的“骚扰”；长相年轻的女性，最好带上相关证件，因为美国法律对喝酒有年龄限制。

美国新奥尔良的夜间酒吧

一同消费，可以为美国人付账吗

中国人有个习惯，一同消费总会抢着付账。但若对美国人也这么做，非但得不到感谢，反而会让对方不舒服，觉得欠了人情账。美国人之间消费，总会各付各的费用，车费、饭费、小费一概如此。

小贴士：小费

机场和宾馆搬运员的小费一般为每件行李1美元。在餐厅用餐，服务生的小费约为账单的15%（快餐、自助餐不用）；在酒吧叫一杯饮料应付调酒师1美元；酒店的清洁工一天小费在2～3美元；乘出租车的小费一般为车费的15%。

在美国上厕所要注意什么

美国豪华旅馆洗手间

中国人有随手关门的习惯，从厕所出来都要将门关上；美国人却不是这样，从厕所出来习惯将门留一道小缝，表示里面没人。如果厕所门关严，他们就会认为里面有人，只好在外面苦等。

美国人怎样看待隐私问题

美国人无论对自己还是对别人，都有很强的隐私保护意识。比如，住同一所公寓，未经允许不得进入他人房间；探访别人不能随意翻看桌上物品等。

美国人怎样看待颜色

美国人喜爱白色、黄色、蓝色和红色，认为白色象征纯洁，黄色象征和谐，蓝色和红色象征吉祥如意。另外，忌讳黑色，认为黑色象征悲伤。

美国人喜爱和厌恶哪些动物

美国人喜爱白猫，认为其能带来好运；欣赏白头鹰，将其敬为国鸟，并作为国徽图案；讨厌蝙蝠，认为其是吸血鬼和凶神的化身。

小贴士：白头鹰

白头鹰是北美大陆特有的大型猛禽。美国国会在立国之初认为白头鹰象征自由、力量和勇气，因此在1782年把它定为美国的国鸟。

美国国鸟——白头鹰

美国人忌讳哪些行为

美国人认为当着他人的面挖耳朵、抠鼻孔、打喷嚏、伸懒腰、咳嗽等，是不文明、缺乏教养的行为。如果不能控制打喷嚏、咳嗽，要转过身尽量少发出声响，并及时向身边的人道歉。另外，他们还忌讳在别人面前伸舌头，认为这是一种没有礼貌、侮辱人的行为。但是，若小孩犯了错，那可以伸伸舌头，这样显得天真可爱。

小贴士：性格特点

美国人看重别人对自己的印象；富有独立进取的精神；讲究实际；看重成功的价值。

到美国人家做客要问候孩子吗

美国人讲究大人、孩子一律平等，因此家里来客，孩子一定会出来会客。作为客人，如果孩子出来打招呼，千万不能只和大人交谈。否则，他们的父母肯定不高兴。与孩子打招呼，可以握握手或亲亲脸。如果孩子先亲你的脸，那一定要回亲他的脸。

美国德克萨斯正在就餐的一家人

与美国警察沟通要注意什么

美国警察

由于美国警察都配有枪支，因此和警察交流时，一定要按指示行动。切忌突然动作，特别是突然将手伸到上衣口袋，这极易让对方误解为在掏枪。如果警察对你说“Freeze”或者“Stop”，这是要求你立即停止动作，此时千万要照做。如果交流有困难，那可以对警察说“I don't speak English”，他们会想办法解决。

小贴士：安全

①在美国旅行，不要携带大量现金，尽可能使用信用卡、支票或支票卡；②妥善保管好财物，离开酒店时必须检查有无遗留；③最好不要一个人单独行动，尤其是晚间不要单独闲逛；④遇到抢劫时，不要强行反抗。遇劫后，如损失较大，应立即拨打 911 或向附近警察局报案。

加拿大

在加拿大宴席上的“三不”是指什么

加拿大的宴席有“三不”，游客要特别注意。具体为：

(1)不设烟酒。对中国人来讲，宴席上若没有烟酒，就是东道主不懂礼节。但是，加拿大人请客却不设烟酒。这是因为加拿大有这样的法律规定：联邦政府大楼、酒店、银行、商店、学校、电梯和多数公共场所严禁吸烟。如有人在禁烟区吸烟(如酒店等)，商家却不加制止或纵容，要处以5000加元罚款；餐厅、酒吧只能在上午11时到凌晨1时卖酒，喝酒者只能在有酒牌的地方或住宅内喝，否则将受处罚。另外，未满16周岁者禁止购买香烟。

加拿大魁北克省汽车旅馆餐桌

(2)不吃热食。中国人吃饭一般趁热吃，有一些冷盘，也只是供喝酒用；然而加拿大人有种宴请却刚好相反——只吃“冷食”。他们将各式菜肴烧好，用碗、盘、碟等器皿盛好摆在餐桌上，等客人到齐后再享用。由于菜肴烧好的时间较早，时间一长便成了“凉菜”，所以加拿大人将这种宴请称为“冷餐宴会”。

(3)不排席座。加拿大的“冷餐宴会”不安排席座，客人通常手持一次性餐盒和叉子，排在摆满饭菜的台前，自己选取食物。取好饭菜，便随意地找地方用餐。

小贴士：打包

加拿大人聚餐有吃不完的饭食时，通常请服务员打包带走。这没有人讥笑你寒酸，也更不必担心有失身份。

加拿大人对饮食有怎样的讲究

加拿大人偏爱法式菜肴，以肉食为主，爱吃奶酪和黄油。日常食物通常为面包、牛肉、鸡肉、鸡蛋、土豆、西红柿、洋葱、黄瓜等。由于气候寒冷，他们还特别爱吃烤制食物。其中烤牛排是最爱，尤以八成熟的嫩牛排为佳。此外，他们还忌吃一些食物，比如动物内脏、脚爪和虾酱、鱼露、腐乳、臭豆腐等有怪味、腥味的食物。

加拿大美食

小贴士：美食

加拿大特色美食有枫糖煎三文鱼、加拿大熏鲑鱼、布罗美湖鸭、蓝色小丸子、周打鱼汤、铁板西冷扒等。

加拿大人在穿着方面有怎样的讲究

在加拿大，穿着要根据场合而定。例如：①参加正式宴会，男士穿整套深色西装，女士穿庄重的衣裙。如非正式的宴会，男士可以穿不同颜色的上衣和长裤，女士可以穿整套衣裙或衫裙。要注意，服装款式不能太奇异，颜色也不能太显眼。②参加婚礼，男士可以穿西装或便装，女士不能打扮过于艳丽，最好不要穿白色或米色系列的服装(此时象征纯洁的白颜色服装只属于新娘)。如果婚礼在教堂举行，那男士必须穿深色西装打领带，女士必须穿庄重的衣裙。③参加葬礼，男士要穿西装，打素色或黑色领带；妇女要穿款式保守、素色或黑色衣裙，不能穿金戴银和化浓妆。④进入教堂、宫殿、高级娱乐场所等正式场合，衣着必须端庄整洁，不能穿拖鞋、短裤、迷你裙、无袖上衣或其他不适宜的衣服。

加拿大儿童

与加拿大人交谈要注意什么

与加拿大人交谈，不要靠得太近或太远（保持2英尺距离为宜）；别人讲话，不能凑过去旁听；若要与他人讲话，应等对方讲完，切忌插话；周围有数人，应与每人都闲谈几句；若遇到不便谈论的话题，切莫轻易表态。

交谈要充分尊重对方隐私，不能问成年女士的年龄，也不能问对方婚姻状况和私生活，更不要主动涉及对方收入和开支情况。另外，不能拿他们的国家和美国相比，尤其拿美国的优越方面来比，否则很可能引起不必要的矛盾。

小贴士：生活习性

加拿大人的生活习性既有英国人那种含蓄、法国人那种明朗，还有美国人那种无拘无束。他们热情好客、待人诚恳。他们视枫叶为国宝和祖国的骄傲，将其喻为友谊的象征；偏爱白雪，视其为吉祥的象证。

在加拿大赴约要注意什么

在加拿大参加活动一定要遵守时间，如果迟到要向在座各位表示歉意。如果不能赴约，要有礼貌地早些告知东道主，并以恰当的方式道歉。另外，加拿大人不喜欢不速之客，无论公事还是私事，都要预约。即便路过某地，想顺道看望友人，也应该事先打声招呼。如果去对方办公室，切忌没完没了地闲聊。

加拿大国旗

到加拿大人家做客要注意什么

加拿大人喜爱邀请亲朋好友到家中共进晚餐。受邀者要理解为友好之意，不可无故加以拒绝。赴宴时最好买一束鲜花送给女主人，以表示自己的谢意。做客时，不能随意进入其他房间和随意触摸物品，除非主人带着参观。看到工艺品或挂画时，不要打听价格，可以发表称赞性的意见。做客结束，回到家中要即刻给女主人写信感谢款待。

小贴士：吃饭禁忌

加拿大人在家里吃饭时，不能说令人悲伤、与死亡及性生活有关的事；不能呼唤死神，不能讲事故之类的事。在日常生活中，忌把盐弄撒了，把玻璃物品打碎，这被认为可能出现不吉利的事。

开车到加拿大人家要注意什么

开车到加拿大人家做客，要遵照主人的意思在指定地点停车，切忌将车停在邻居的私人车位。同样，如果看到邻居庭院外有“请勿入内”的牌子，也不能乱闯，否则容易引起侵犯他人私有财产的纠纷。

加拿大驱车在户外探险的女人

与加拿大人会面要注意哪些礼节

加拿大人见面会互致问候。男女见面时，通常由女士先伸出手来。女士若不愿意握手，那可以微微鞠躬。如果戴着手套，男士应摘下手套再握手，女士则不必。

他们作介绍，通常按先少后长、先高后低、先宾后主的次序。作介绍时，双方要起身微笑看着对方，并一边握手一边报出自己的姓名。另外，介绍时声音要适中，加拿大人非常反感大声介绍自己的方式。

在加拿大付小费要注意哪些事项

加拿大纸币

机场负责搬行李的服务生，一件行李的小费为加币 50 分；乘出租车或在餐馆的小费，通常为消费额的 10% ~ 15%(最低也要为加币 50 分)；宾馆服务员的小费通常每件行李为加币 50 分(至少要为 1 加元)；打扫房间服务员的小费每天为 1 加元。

加拿大人尊重老人和女士体现在哪

加拿大男士非常尊重老人和女士，上下搂梯、进出车辆、电梯，会让老人、女士先行；进门或出门，会主动帮助开关门、脱外套；一起用餐，会主动帮助他们入离座位。如果哪位男士无视这些，那将受到众人鄙视。

小贴士：性格

加拿大人朴实、友善、随和，易于接近。他们讲礼貌但不流于烦琐礼节，在公共场所注意文明礼让，一般不大声喧哗。

给加拿大人送礼要注意什么

参加加拿大人的生日聚会或婚礼，送礼时要附带一张贺卡；参加平常家庭聚会，给女主人送一束鲜花即可。但是，送花要切记不能送白色百合花，因为加拿大人习惯用它来悼念死者。

加拿大圣诞礼物

入住加拿大酒店要注意什么

入住加拿大酒店，要注意以下几点：①加拿大的电压为 110 伏特，充电等要到商店购买美标转换插头。②酒店内不提供热水，凉水可安全饮用，如需要热水可用酒店的水壶烧。③非吸烟房内严禁吸烟，否则会遭到高额罚款。④洗澡时为防水溅出弄湿地板，要将布帘拉上，并放在浴缸内。如果因水溢出而导致损失将由个人承担。⑤房内的暖气要自行调节，睡觉前要将室温调高。⑥注意轻开轻关房门，切忌摔门或大声喧哗，以免遭其他房客投诉。⑦如遇危险一定要拨打酒店总机。

加拿大汽车旅馆卧室

小贴士:电源

加拿大电压为110伏特,插座为三孔——上面一个是圆形,下面两个是平行的扁形。旅游时要自备变压器和转换插座。

在加拿大的公共场合,要注意什么

在加拿大的公共场合,不能在人前抠头发、清理手指甲缝的污垢,还不能插嘴讲话和盯视他人,否则会被认为没有礼貌。

小贴士:吸烟

加拿大的机场、车站、办公楼等公共场所大多禁烟,如有违反最高会被处2000美元罚款。另外,酒店分有烟和无烟房,要特别注意。

在加拿大从事商务活动,要注意什么

在加拿大从事商务活动,不宜过早到达,可以晚到几分钟。交谈时,可以赞美对方衣服、手表或请教关于加拿大的风俗习惯、名胜古迹等,切忌涉及对方年龄、收入、宗教信仰、政见或性问题,以免发生误解和争执。

加拿大商务谈判

另外,在商务活动中赠送礼物,最好选择具有民族特色、比较精致的工艺美术品。礼物要用礼品纸包好,附带写有对方和送礼人姓名的卡片。但是,如果接到的请柬上注明“请勿送礼”,那要尊重对方意见,不带礼物出席。

墨西哥

在墨西哥喝龙舌兰酒，要注意什么

墨西哥盛产龙舌兰酒，其中以“特基拉”最为有名，将其视为国酒。墨西哥主人若用“龙舌兰”酒招待客人，会先将两支圆锥形细长小酒杯和一个小碟摆在客人面前。一支酒杯倒上酒，另一支酒杯倒上西红柿沙司汁，小碟里放几片柠檬块。那么，喝这种酒要注意什么呢？首先要在左手背上放一点儿盐，其次抬起手臂将盐放在嘴边用舌头舔干净，然后右手举起酒杯将酒饮尽。放下酒杯后，还要将柠檬块挤汁滴在西红柿沙司饮尽。切记，如果没有喝过龙舌兰酒，最好模仿主人，不可自作聪明地随意畅饮。

墨西哥龙舌兰酒

小贴士：特基拉

“特基拉”酒是墨西哥的特产，为龙舌兰酒一种，被称为墨西哥的灵魂。这种酒用蓝色的龙舌兰特制而成，因原料只在特基拉镇出产，故得名“特基拉”酒。该酒的酒精含量较大，通常在 40 度以上，所以有时也被称为“龙舌兰”烈酒。

为什么在墨西哥最好不要直接饮用自来水

在墨西哥若不想腹泻，最好不要直接饮用自来水，不管在酒店还是旅馆都应饮用纯净水。但是，有时纯净水也并非纯净，所以瓶装水或啤酒是较好的选择。另外，他们很多的水果饮料其实就是水做的，尽量不要喝，即便喝也不要加冰块。

在墨西哥可以随便穿“恰罗士”服吗

墨西哥传统民族服装

“恰罗士”又叫“瓦盖罗”，是墨西哥的传统民族服装。由紧身衣、紧身裤、宽边帽、白衬衣和黑皮靴组成，风格与牛仔服类似。但是其帽子宽大，檐边不但用金线、银线绣出花边，上面还缀有皮花装饰等。这种服饰在墨西哥是男子汉的象征，年轻人穿戴起来特别精神。

尽管“恰罗士”穿起来漂亮，但千万不要以为可以随便穿。实际上，墨西哥人只有在两种情况下才穿“恰罗士”，一是在每年2月份举行的“恰罗士”比赛时，二是在“马里亚契”流浪小乐队演出时。“恰罗士”演出类似于我国的杂技表演，包括各种骑术表演和套马、套牛、驯马、驯牛等。

前往墨西哥要带哪些衣服

墨西哥城位于海拔2240米的高原，接近赤道。5月最热，平均温度为19℃；1月最冷，平均温度为12℃。昼夜温差最高可达15℃，可以说是一天有四季的气候。墨西哥由于特殊的山地及高原地形，不同地区一般都有不同的小气候。因此前往时夏天适宜带单衣，不过为了避免蚊虫叮咬，最好选择长袖衫。另外，还应带上针织上衣或者薄夹克、薄运动衫之类的衣物，以便更换。

出入墨西哥公共场所穿着上要注意什么

墨西哥人出入公共场所，男士一般穿衬衫和西裤，女士一般穿长裙；若出入高级宾馆或饭店，男士需要穿西装打领带，女士需要穿套裙或长裤；若在乡下或小镇，则可以穿随意的便装，但不能赤膊或者穿泳装。另外，墨西哥的天主教堂遍布城市每个角落，前往参观切忌穿暴露服装。参观时，男性必须脱帽，女性则要戴上帽子或用围巾、手帕遮住脸庞。近年虽然要求变得宽松，但最好有所准备。

戴大草帽的墨西哥情调歌手

小贴士：大草帽

大草帽是墨西哥民族精神的一种象征。典型的墨西哥草帽有两种，一种是当地人常戴的用棕榈叶或其他植物编成的宽边尖顶草帽，另一种是经常在旅游景点买到的红白绿三色尖顶草帽。

在墨西哥可以用手势来比画小孩的身高吗

墨西哥人非常忌讳我们惯用比画小孩身高的手势——手心向下与地面平行。这种手势对他们来说，是专门用来比画动物高矮的，若用在人的身上有侮辱的意思。

在墨西哥兑换货币有哪些注意事项

墨西哥银行的营业时间为周一至周五上午 9:00 至下午 1:30，周六、日与节假日休息。不过，机场内的银行周一至周五全天营业。兑换货币在银行会有一些麻烦，因为有些银行要等中午汇兑价出来后才愿意兑换，可是汇兑时间往往到下午 1:30 分就截止，时间非常紧凑。此外，旅馆、餐厅和机场汇兑处的兑换价很不合理，尽量不要去这些地方兑换。而 ATM 提款机的汇率倒是很公平，但提款时会收取 1～6 美元的手续费，因此想要划算，最好一次多取些。

墨西哥纸币

小贴士：货币

墨西哥货币单位为比索，符号与美元相同。

到墨西哥人家做客要注意什么

墨西哥人请客往往去饭店吃饭，只有双方关系到了一定程度，才会邀请到家。因此，如果被墨西哥人邀请到家做客，千万不要失礼。

墨西哥美食

赴约时衣着要正式干净，面容要整洁清爽。见面时，熟识的人要拥抱、亲吻，不熟的人要行握手礼。行握手礼，原则上是主人或女性先伸手。若女性不想握手，点头致意或说声"你好"即可。另外，做客时要大大方方，不能拘束，更不能乱动乱摸物品。吃完饭，不能马上就走，要陪主人聊一会儿天。聊天时，切忌问及家庭隐私问题。如果受邀到乡间别墅小住，一定要在临去之前准备一份像样的礼物，并且临走时给仆人留一些小费。

小贴士：喜好

墨西哥人款待贵客时，习惯拿出他们认为最高贵的食品"油炸蚂蚁"让客人品尝。他们认为只有这样，才能表达自己的激动心情。他们与朋友告别时，习惯送一张弓、一支箭或几张代表神灵的剪纸，以表示对朋友的美好祝愿。

送礼给墨西哥人要注意什么

在墨西哥，如果应邀到当地人家做客，最好带些小礼品，通常一束鲜花或一瓶酒即可。不过，若带具有本国特色的礼物，那主人会更加高兴。

如果送鲜花，切忌选择黄色、红色和紫色，因为墨西哥人认为黄色的花象征死亡，红色的会带来晦气，紫色的是不祥之物。尤其是黄色的菊花，这是墨西哥人专门用来撒在祭坛上迎接成人死后灵魂的，若送给健在的人则有诅咒之意。一般来讲，送白色的花比较受欢迎，因为墨西哥人认为白色可以驱邪。

假如送具有中国特色的礼品，要注意不能送在中国文化中象征“幸福”的蝙蝠。因为墨西哥人对蝙蝠非常忌讳，认为其是吸血鬼，会带来厄运。

小贴士：特产

墨西哥的特产有龙舌兰酒、仙人掌、珠宝、银器、大理石制品、皮革、海产品等。来此旅游，可适当购买些以馈赠亲朋好友。

墨西哥仙人掌上的无花果

在墨西哥接到不想去的邀请怎么办

在墨西哥进行社交活动，经常能接到其他活动的邀请。面对这些邀请，有时候会因各种原因不能或不愿去，那么该如何处理呢？墨西哥人认为拒绝别人的邀请是不礼貌的。此时，他们通常先接受邀请然后缺席。因此在墨西哥遇到这种情况，不必直言相告不能去，接受邀请然后缺席即可，邀请人不会为此生气。

墨西哥人喜爱和忌讳哪些颜色、动植物

墨西哥人喜爱白色的花，认为白花可以驱邪，带来平安；极爱仙人掌，将其尊为国花，认为它能给人带来幸福和美好；特别尊崇金雕，将其奉为国鸟，认为其是英雄的化身，象征勇敢、美好。他们忌讳紫色，认为其意味不祥；忌讳黄色和红色的花，认为这两种颜色均为不祥之色。

墨西哥国鸟——金雕

小贴士：金雕

金雕——墨西哥国鸟，成鸟体长可达 1 米，翼展平均超过 2 米，以其突出的外观和敏捷有力的飞行而著名。栖息于高山草原、荒漠、河谷和森林地带，冬季亦常到山地丘陵和山脚平原地带活动，以大中型的鸟类和兽类为食。

在墨西哥，可以不给小费吗

在墨西哥不能不给小费，小费在这里已基本普及。付小费的数额大致如下：宾馆付消费额的 10%，餐厅付消费额的 10%~15%，搬运行李约付 10 比索(行李较多，可付 30~40 比索)。另外，很多餐厅的卫生间也会收小费，付 3~5 比索即可。若拜访住公寓的朋友，还应付看门人和朋友用人一些小费，否则再次上门就要看他们的脸色了。

墨西哥风光

为什么身体不佳不能去墨西哥

身体不佳不要去墨西哥，因为墨西哥属于高山型气候地区，初抵时很可能出现高山反应。如果出现高山反应，必须前往医院就医，以免产生不必要的危险。

带孩子到墨西哥要注意哪些事项

墨西哥人特别重视孩子的监护问题，如果带孩子(18 岁以下)到墨西哥，一定要带上孩子的监护证明。监护证明必须经过公证才具有法律效应。如果父母一方带着孩子，必须携带另一方的同意及经过公证的证明；如果父母一同带着孩子，必须携带父母任何一方的监护判定证明；如果父母一方去世，另一方必须携带去世者的死亡证明；由亲朋带着孩子，必须带上孩子父母双方的同意及经过公证的证明。另外，孩子如果超过 15 岁，则必须带上本人的公民身份证明。

去墨西哥海边度假的一家人

女性在墨西哥出行要注意什么

女性在墨西哥游玩,独自走在街上很可能遭到性骚扰。如果3人或3人以上出行,那情况会好一些。但是,为了保险,出行最好和男士结伴。女性若独行,走姿一定要端庄稳重,步伐一定要快捷,切忌与陌生人对视或搭话。

小贴士:安全

在墨西哥晚上最好不要独自出门,尽量不去声色场所。外出时,护照、机票、现金、相机、首饰、手表等贵重物品要随身携带,切勿留在车上或房间(在酒店房间或旅游车内丢失物品,酒店或司机概不负责)。

在墨西哥乘出租车为何要注意司机的驾驶证

在墨西哥乘坐出租车,一定要先看看显眼的位置有无驾驶执照,并且执照上的司机相片是否为开车者本人。另外,要留意驾驶执照上的车号是否与所乘车号相符。之所以要检查这些,是因为近年来墨西哥的出租车司机抢劫乘客的情况时有发生。因此,为降低安全隐患,游客应尽量避免晚上到街上打出租车,但可在宾馆边的出租车站打车。

小贴士:打车

在墨西哥打车,若遇到坚持不打表的司机,如果不想受骗最好再找一辆。还有酒店门口叫车的服务员,通常会收司机20%的回扣费,这已成为一种潜规则,因此最好还是自己叫车。

墨西哥街景

在墨西哥开车要注意哪些问题

墨西哥对外国游客提供车辆出租服务。开车旅行时，除了注意行路安全外，还应特别注意以下两点：第一，墨西哥对车辆实行交通管制，周一至周五，每天都会限行两种不同尾号的车辆。规定是：周一是5和6，周二是7和8，周三是3和4，周四是1和2，周五是9和0。如果违反规定，会面临较大数额的罚款。第二，停车要格外注意，如果将车停在非停车地点，那么警察会将车的牌照拿走。不交足罚金，休想取回。

墨西哥国旗

小贴士：绿色天使

墨西哥有“绿色天使”的道路帮助服务，服务人员驾驶绿色卡车在主要道路上巡逻。如果遇到汽油不足或各种汽车小问题，“绿色天使”会免费提供服务，并且不接受小费。车辆若遇到问题，最好拨打他们的电话。

在墨西哥从事商务活动要注意什么

在墨西哥从事商务谈判，要穿较保守的正式西装，忌穿便装。交流时，最好使用西班牙语。墨西哥尽管有很多人英语也不错，但仍然希望使用西班牙语交流。如果接到墨西哥人用西班牙文写的信件，千万不能用别的语言回复，否则是相当失礼的行为。另外，在墨西哥做生意要不慌不忙。尽管墨西哥人私下非常友好，但谈起生意，立马就会变得十分严肃，露出自我本位的本性。如此，一笔简单的生意都可能花上一周的时间。

海边度假中的墨西哥女商人

小贴士：约会

墨西哥人通常不会准时赴约，露面往往比约定的时间晚一刻钟到半个小时左右。而这在他们看来是一种礼貌，不要为此生气。

墨西哥的少数部族人有哪些特殊禁忌

墨西哥的恰姆拉人非常反感照相，认为照相是一种可怕的巫术，能将人摄进黑洞里变成丑陋的魔鬼；南部的奴雷谷一带人，十分忌讳客人进屋脱帽，认为这意味寻衅和报仇；阿斯特克人将酒看做邪恶的源泉，认为只有老人才能开怀畅饮。如年轻人喝酒，会被视为大逆不道。这大概缘于老人年岁较大，经验丰富，有同邪恶斗争并战胜的力量。

墨西哥骷髅糖

小贴士：恰姆拉人审美习俗

墨西哥的恰姆拉人把鼻子的大小作为美丑的重要标准。如果某姑娘的鼻子扁小而略为上翘，那她定会赢得众多小伙子的喜爱。他们喜爱白花，认为其可以驱邪；非常喜欢骷髅糖，不仅用骷髅糖作祭品，还常用其馈赠情侣或朋友等。

入境墨西哥要注意哪些事项

入境墨西哥随身携带的现金不能超过 1 万美元。单价超过 2000 美元的物品，必须填写报关单。凭健康证明书和检疫证书最多可带 2 只猫或狗入境，其他动物必须提前向墨西哥海关申请。可携带少量蜂蜜、烟酒、奶酪制品、咖啡、皮制品类物品，自制肉类、鲜肉、农作物、种子、果类及土壤未经申请严禁携带入境。

古 巴

古巴人在饮食方面有怎样的讲究

多数古巴人信仰天主教，为此饮食基本以西餐为主。通常时候，早餐为面包、牛油，午餐为三明治、牛奶，晚餐为肉类、蔬菜。

古巴人的甜食非常有名，这让很多初来的外国人很不习惯。另外，他们特别重视菜肴的色彩，惯用番红花作烹调辅料。菜肴若缺乏红丽浓艳，不加番红花，即便味道再美，也无法引起他们的食欲。他们还擅长用椰子、凤梨、海鲜、蔬菜等精心制作成食物。比如，深受人们喜爱的“黄米饭”，是用鸡加番红花在砂锅内焖煮熟的；最负盛名的菜肴“阿希亚科”，用猪肉腊肉同君子兰、芋头、山药、香蕉、南瓜、玉米并加些香料调配而成。

古巴美食

在喝的方面，古巴人还习惯饮用水果汁和加糖很少的黑浓咖啡。此外，他们还爱喝酒，主要为冰镇啤酒和甘蔗酒。

小贴士：美食

长久以来，古巴形成了自己独特的美食制作方法。去古巴旅游，可品尝的美味众多，但千万别错过品尝烤龙虾、圣地亚哥的烤乳猪和科佩里亚的冰激凌。

古巴人在衣着方面有怎样的讲究

古巴人在正式场合，男士大多穿西服（颜色根据季节或场合而变）；女性通常穿礼服或较讲究的衣裙。古巴的瓜希罗人喜欢白色，常穿具有传统服饰特色的白色衬衫。另外，古巴人忌讳戴帽子，认为戴帽子有悼念亲人的意思。

小贴士：瓜亚贝拉

瓜亚贝拉又称瓜亚贝拉衬衫，为小翻领，四个贴兜，胸前衣襟上绣有花纹，长袖，多为浅色。2010 年 10 月 6 日，古巴政府宣布“瓜亚贝拉”成为古巴在国务和外交活动中的正式礼服。

哈瓦那街头行走的古巴人

古巴人相见有怎样的礼节

古巴人的见面礼有握手、拥抱和吻脸等。正式场合，一般施握手礼。男女握手，通常女士先伸手；宾主握手，通常主人先伸手。握手时，无论多亲密，也不能用双手相握。交往时，拥抱相对更正式一点。上流社会为表关系密切，常施拥抱礼；普通人施拥抱礼，一般用于分别很久后的重逢。

与握手、拥抱礼相比，吻面礼一般出现在异性见面和女士见面间。施吻面礼，通常男士主动。但熟人之间，女士也可以主动。此时，若对方妻子在场，要说声“请同意我这么做”之类的客套话。

古巴人重视日常问候吗

古巴国旗

古巴人非常重视日常问候，见面时无论同志、朋友、亲人还是陌生人，都要打招呼问候一声。问候语通常为“早上好”、“下午好”、“晚上好”或“你怎么样”。打电话、询问、请求，甚至在公共场合批评他人前，都要作礼节性问候。

在古巴从事商务活动要注意什么

在古巴从事商务活动，一定要提前预约，会面还要主动递上用西班牙文印制的名片。古巴商人说话痛快、干脆，与其洽谈不能拐弯抹角，但要有恒心、耐心。古巴商人会杀价，并且十分厉害。另外，还要注意：谈话最好不聊古巴内政、外交；不要对军事设施、政府机关拍照；不要给对方送礼（这属违法行为）。

小贴士：经济机构

目前古巴的经济机构都属国营，各个贸易组织均在外贸部统一领导之下。

古巴海关对游客携带物有怎样的规定

入境古巴，个人可以免税携带1条烟、2瓶酒、10公斤正规包装的药品和价值200美元的物品。若携带超过5000美元现金或价值相当的物品，要填写海关申报单；离境时若要带走，需出示申报单或相关银行证明其合法来源的文件。

另外，海关还对农产品、肉类制品、药物和电器有严格的管制。入境时严禁携带无绳耳麦、无绳电话、录像机、DVD机、空调机、电炉灶、微波炉、电热水器及功率超过290瓦的电熨斗等。海关工作人员如果怀疑个人行李中有以上物品，会要求打开检查。被查出的物品若事先没有办理免税或入境许可等手续，会被扣留；但允许自扣留之日起30日内补办相关手续，逾期不领将被没收。

离境时个人可携带23支古巴雪茄烟。超过23支，应出具正规商店所开的发票及其副本，不然一律没收。

古巴雪茄

小贴士：雪茄

古巴雪茄是用经过风干、发酵、老化后的原块烟叶卷制而成的纯天然烟草制品。国际公认的极致雪茄为古巴的手制雪茄，其独特风味由特殊的工艺制作而成。

古巴人有哪些禁忌

古巴人大多信奉天主教，也部分信奉基督教新教。他们忌讳“13”和“星期五”，认为它们会给人带来厄运；忌讳送刀剑作礼物，认为这象征割断友谊；禁止给小费，坐车前应讲好价钱。

古巴乡村风光

小贴士：性格

古巴人热情好客，说话干脆，不喜欢绕来绕去。他们喜欢红色（表示干净）、绿色（代表希望和庄重）、黄色（寓意思念和期待），最爱姜黄色的百合花，认为它是祖国和人民的骄傲，并尊其为国花。极为喜爱菠萝，将其视为国果。

危地马拉

危地马拉人的见面礼仪是怎样的

危地马拉人举止大方，性情开朗。在社交场合与客人相见时，多行握手礼。如果是亲朋好友见面，多行拥抱礼并拍打对方的肩膀。在交谈时，习惯热情地注视着对方，并且彼此离得很近。而作为朋友关系的妇女相见，她们之间会轻轻搂一搂，并吻吻对方的脸。到危地马拉从事商务活动，须携带印有西班牙文字的名片。

危地马拉人有哪些日常禁忌

在危地马拉，忌在当地人家里或当着他家人谈论业务；忌使用13、14和星期五，它们都被认为不吉利；危地马拉常年流行疾病较多，在此旅行，只可饮用瓶装饮料（包括水）或烧开过的水制的饮料，勿使用冰块或食用生海鲜、生肉或乳制品，勿食用路边小摊贩的食物。不要在淡水湖、溪、河中游泳。穿少暴露皮肤的衣服。

小贴士:国鸟——格查尔鸟

在中美洲,特别是危地马拉北部的深山密林,有一种美丽的与啄木鸟同宗的"格查尔鸟",被危地马拉政府定位国鸟。格查尔是印第安语,意为"金绿色的羽毛"。格查尔鸟是有名的"森林医生",在危地马拉人心目中享有极高地位,被视为自由、爱国、友谊的象征,有"自由之鸟"的美誉。格查尔鸟又是爱情的象征,在危地马拉国旗、国徽和钱币上都有它的标志。

危地马拉国鸟——格查尔鸟

巴拉圭

与巴拉圭人交谈需要注意什么

与巴拉圭人交谈时,应避免涉及政治的话题,适合谈论的话题是家庭、体育和天气。另外,需要注意的是在交谈中不要过分热情地称赞对方的私人用品,否则他们会将其作为礼物送给你。

巴拉圭人的见面礼仪有什么讲究

巴拉圭人社交场合与人见面通常行握手礼。平日里,男性之间相见时会相互拥抱,女性之间则互相亲吻。女性如向男性伸手的时候,男性必须和她握手。男性绝不可先伸手和女性握手。

巴拉圭国旗

小贴士:商务活动最佳时间

到巴拉圭从事商务活动,最佳时间为3~11月。因为,2~3月巴拉圭要举办嘉年华会,要放假5天,全国停工;圣诞节及复活节前后一周亦不宜;12月至翌年2月又为休假期。

巴 西

在巴西旅游需注意哪些穿衣事项

巴西国土的 80%位于热带地区，最南端属亚热带气候。北部亚马逊平原属赤道（热带）雨林气候，年平均气温 27℃～29℃。中部高原属热带草原气候，分旱、雨两季，年平均气温 18℃～28℃。南部地区年平均气温 16℃～19℃。由于巴西位于南半球，所以季节上正好与我们相反，但冬季的温度要高于北半球。

里约热内卢耶稣雕像

在旅行穿衣上，如果是在夏季，那么除穿上清凉的夏服外，还需带上一件薄外套，防止空调过凉。如果是在冬季，穿着稍厚实的衣物即可。另外，旅行中最好穿上轻便、适宜行走的鞋子。在山区或野外，最好穿上长的衣裤。

小贴士：著名景点

里约热内卢是里约热内卢州首府，位于该州南部，坐落在瓜纳巴拉海湾内侧，面积1250平方公里，是巴西第二大城市。年均最低温度为17°C，最高温度为36°C。建于1565年，1834—1960年为巴西首都。是巴西经济最发达的城市之一，也是巴西重要的交通枢纽和文化中心。里约热内卢被誉为“狂欢节之都”，巴西一年一度最有特色的狂欢节就是在这里举办的。

巴西人有怎样的见面礼仪

巴西人热情直爽，幽默风趣。初次见面多行握手礼，年长、辈分高者或者妇女与人初次见面时，一般会先伸手，否则，会被认为失礼。熟人见面以拥抱或者亲吻作为见面礼节。男性熟人之间会相互拥抱，并且相互拍打对方后背，以示亲切。女性或者异性熟人之间则会亲吻面颊，以表相见的激动。此外，巴西还有握拳礼、贴面礼、沐浴礼等。

小贴士：性格特点

巴西人爽快善谈、心地善良，幽默风趣不粗鲁，待人友好又诚挚。与他们交往适于谈论的话题有足球、笑话、趣闻等。

在巴西女士优先体现在哪里

巴西人奉行女士优先的原则。如乘公交车时，女士先上、先坐；上下车，男士主动为女士开门；餐厅吃饭，男士拉餐椅便于女士坐下，餐厅服务也女士优先；男士吸烟，会先征求周围女士的意见等，这些无不体现着巴西人对女士的尊重与照顾。

里约热内卢参加嘉年华的巴西舞女

巴西人有着怎样的公共场所禁忌

巴西有着良好的社会秩序，巴西人热情奔放，乐于助人，并且在日常生活中都很注重自己的公众形象。在巴西，任何人都不许排队加塞；禁止在公共场所吸烟、乱扔垃圾和吐痰；公共场合不准大声喧哗、高谈阔论。

在巴西参加商务活动要注意些什么

在巴西参加商务活动时，要准时赴约，男士宜穿整齐深色的西装，女士则最好穿职业套裙，要时刻保持温和、愉悦的心情。如对方迟到，不要惊讶、生气。因为巴西人与其他拉美人一样，对时间和工作的态度不是那么严谨，所以，应该谅解。在交谈中，最好不要主动提及工作，也不要谈论政治、民族等话题。但是巴西人特别喜爱孩子，谈话中可以夸奖孩子，他们会非常高兴的。另外，谈话时要显得亲热，最好与对方保持较近的距离。如果能做好以上几点，一定会赢得巴西人的好感的。

小贴士：语言

葡萄牙语为巴西的官方语言。一般人不会外语，但是在旅游景点、酒店或者餐厅里，英语也能通用。

巴西国旗

给巴西人送礼物有什么讲究

巴西纸币

在与巴西人交往过程中，如果想要送礼物给对方，千万不可送刀子和手帕。他们认为送刀子有挑衅的意思，而送手帕，会引起双方争吵。所以，如果一旦送了手帕，巴西人会当面给你钱，以示手帕是自己买来的，防止日后吵架。另外，交谈过程中，一定不要做出“OK”的手势，在巴西，这样的动作被认为是非常下流的。

在巴西纳坚斯第地区，女性帽子为什么不能随便戴

在巴西的纳坚斯第地区，女性戴帽子的位置不同，表达不同的意思。如帽子偏左戴，表示未婚；帽子偏右戴，表示已婚；帽子戴在正中，则表示心情很差，且比较沮丧。所以，在当地旅行，女性游客要注意帽子的戴法，以免产生误会。

在巴西旅游哪些东西不买必后悔

巴西是世界上首屈一指的珠宝中心，从宝石的开采到切割、设计、镶工都在巴西国内独立完成。因此，其价格低廉，颇具吸引力。来到巴西，一定不要错过诱人的宝石，不然会遗憾此行。巴西宝石种类繁多，有钻石、紫水晶、黄玉、蛋白石、翡翠、红宝石、蓝宝石等，全球65%的彩色宝石产于巴西。那么，怎样才能买到一颗好的宝石呢？宝石的价值由色泽和质地来决定。选购时一定要注意四点：色泽、刀工、纯净度和价格，把握好这四点，相信你会有所收获。另外，巴西还有很多值得购买的东西，如皮制品、咖啡、手工艺制品等。

巴西紫宝石

小贴士：货币

巴西货币被称为“雷亚尔”。由于巴西汇率经常浮动，因此，初入境时不宜兑换太多，最好随用随换。此外，若要兑换大量现金，最好在正规兑换处兑换，同时，避免独自到公共兑换所兑换。

巴西人有着怎样的色彩禁忌

巴西人忌讳棕色、黄色，认为人死如同橘黄的树叶飘落，是死亡之色；忌讳紫色，因为紫色表示悲伤，多用于葬礼配色，是不吉利的色彩；忌讳深咖啡色，认为它会招来不幸。所以，在巴西旅行，穿衣一定要注意避讳以上几种色彩，免得

招别人反感。

在巴西旅行住宿需要注意些什么

在巴西国内不乏高级的酒店，特别是大都市与名胜区，都有符合国际水准的酒店。酒店服务热情、周到，卫生条件较好。最高为五星级，其次为四星和三星级。在巴西，酒店的住宿费均包早餐，且含10%服务费。酒店另收费项目包括：长途电话、洗衣、客房内的饮料、小吃等。酒店一般不提供开水，若有需要，可通知服务员送。下榻或离开饭店时，如需服务员协助搬运行李，记得要付小费，每件行李约1个雷亚尔（巴西货币）。

巴西酒店内景

小贴士：电压

巴西各地区电压规格不尽相同，有110伏特、220伏特两种。巴西利亚为220伏特，圣保罗地区为110伏特。一般巴西浴室采用直喷式电热水器，电压等级为220伏特。

阿根廷

阿根廷人有怎样的穿衣讲究

阿根廷人彬彬有礼，温文尔雅。休息的日子里穿衣比较随便，以舒适为主。如工作或出席正式的场合，则普遍衣饰讲究，言行举止规矩。男性多穿西装，女性以套裙或长裙为主。在阿根廷，无论严寒酷暑，政府机关和大小公司都要求职员一律穿西装打领带。如果衣冠不整，他们会认为此人不正派，印象就会大打折扣。不过阿根廷人不会穿灰色的衣物，因为他们认为这种颜色阴郁、悲伤，会给人带来不快。总之，在阿根廷，无论你是旅游还是公干，穿衣也应入乡随俗，否则会被认为无礼，没诚信。

热舞的阿根廷姑娘

在阿根廷人们见面如何打招呼

阿根廷人的见面礼仪和欧美国家相似。阿根廷人热情、爽直，见面都要亲切问候。人们在日常交往中广泛使用的称呼是“先生”、“夫人”、“小姐”。一般陌生的人初次见面，以握手为礼。亲人朋友见面会拥抱或亲吻，长辈与晚辈之间、女性之间大多是拥抱亲吻面颊，嘴里发出亲吻的声音。亲吻的顺序为右、左、右三下；男性之间以握手为多，为了表示关系的亲密程度，也可以亲吻面颊。对于游客，也应入乡随俗，如遇阿根廷人主动打招呼，不管以何种礼节，都应礼貌回应，免得失礼。

阿根廷人有哪些日常禁忌

阿根廷人忌讳“13”和“星期五”，认为它们是不吉利的数字和日期，人们在做事或出行方面，都会想方设法回避“13”和“星期五”；忌讳在公共场合脱掉上衣，认为这样的行为很不雅，会遭人白眼；忌讳灰色，认为灰色是悲伤的色彩，会带给人不快；忌讳菊花，因为菊花与丧事相关；忌讳送手帕作为礼物，认为手帕会招来悲伤和争吵。另外，阿根廷人还忌讳谈论政治和宗教问题。

阿根廷国花——赛波花

小贴士:国花

赛波花,传说在阿根廷有一位叫阿娜依的民族女英雄。在父亲阵亡后,她英勇地挺身而出,继续指挥战斗,最后被西班牙殖民者绑在树上,用烈火活活地烧死。她顽强不屈的斗争精神感动了赛波树,就义时,尚不到花期的赛波树突然开出了满树火红的花朵。从此赛波花就成为阿根廷人民心目中民族女英雄阿娜依的化身,成为阿根廷人民英勇战斗的象征。1942年,阿根廷通过一项法令,正式确定赛波花为阿根廷的国花。

在阿根廷旅游住酒店需要注意哪些事项

在阿根廷,绝大多数的酒店是不提供拖鞋、牙膏、牙刷、洗发水等用品的,最好自己准备。酒店房间内一般有电视、电话、有偿饮料及小食品等设施及物品,如果想看收费电视或食用饮料和小食品,最好问清或看清价格后再做决定,以免结账时发生误会。酒店不提供热水壶,如需使用请自备,同时,在使用过程中要注意用电安全。酒店内的自来水是不可以直接饮用的,最好购买瓶装水。另外,阿根廷没有酒店预订中心系统,酒店也没有淡、旺季价格之分。酒店的服务费为消费额的24%,且国家收取其中的16%作为税收。还有,住宿期间须给房间的清洁工小费,一般为每天1美元。最后需要注意的是,房间的取消要提前48小时,否则,要多收一天的费用。

小贴士:电压

阿根廷电源电压为220伏,50赫兹。采用美式电芯,插头为两脚圆柱或三孔扁形,一般酒店可提供电源转换插头。

阿根廷纸币

在阿根廷进行商务活动要注意些什么

在阿根廷参加商务活动一定要注意着装,男士最好穿保守式的西装,并且打领带,女士着装以得体大方为宜。因为阿根廷人常常“以衣取人”,如果衣衫不整,那么给他们的印象就会大打折扣。服装是他们进行人物评价的基础。在阿根廷无论是与国企还是私企做生意,任何事项最好都当面谈判,因为阿根廷人偏向于面对面的谈话，这样更能促进谈判的成功。另外，商务拜访最好提前预约，免得吃闭门羹。

小贴士：出行

在阿根廷外出参加活动时，需随身携带护照以备检查，并随时查看签证是否过期。尽量少携带现金，到人流比较集中的地方，如机场、旅馆、商店、餐厅等要保管好自己的随身物品，以免丢失。

阿根廷国旗

智　利

智利人的见面礼节是怎样的

智利人十分重视见面的礼节，他们在初次见面时，多以握手为礼。熟识的人之间会热情拥抱和亲吻。交往中，智利人常用的称呼有"先生"、"夫人"、"小姐"等。在正式的场合，会在称呼前加上行政职务和学术头衔。此外，年长的智利人见面还习惯行举手礼和摘帽礼。

坐在田间的智利农民

入境智利须注意些什么

智利对于动植物入境的检验检疫要较南美其他国家严格许多。根据智利海关规定，入境智利，游客携带以下物品须申报：①鲜牛肉、黄油、奶油和奶酪；②各类种子、晒干或脱水水果；③昆虫、试验菌、蜜蜂、蜂蜜、动物精子和兽医生物制品；④小动物、宠物和飞禽；⑤珍稀野生动物标本、皮毛制成品或附属产品；⑥新鲜水果或植物；⑦各种肉类、肉干和肉肠；⑧各种花卉。

小贴士：入境须知

①须持有效护照或旅行证件及签证入境；②智利签证自发证之日，使用期为3个月，并自入境时开始计算停留期。

智利人对服装颜色有什么讲究

智利人穿着比较讲究，男士一般西装革履，女士穿着入时。因受传统习惯的影响，智利人喜爱穿单色服装，且多以蓝、绿、红、黄、白色为主。无论服装的式样怎样变化，杂色服装一直不受人们的欢迎。

智利国旗

智利人每餐必饮酒吗

智利人日常主食有面粉、大米、玉米等，副食以肉居多，且多为烤肉。爱吃肉，那么自然肉的伴侣酒就少不了。所以，智利人每餐必喝酒。低度白酒、红葡萄酒、白葡萄酒等都是他们家庭的常备酒，且大多为上等酒。智利人喝酒的方法层出不穷，花样繁多。有的单独饮用，有的加入其他饮料混合饮用。由此可见，智利人对酒是何等的钟爱。

智利葡萄酒

小贴士：智利拿仑山酒庄

始于1824年，由Francisco Ignacio Ossa y Mercado先生创立。它不仅是智利最古老的葡萄酒庄园之一，还因为其品质始终如一而获奖无数，闻名于世。该酒庄著名葡萄酒有奥萨家族红葡萄酒、唐迪卡红葡萄酒。

秘 鲁

秘鲁人的日常禁忌有哪些

秘鲁人绝大多数信奉天主教，忌讳"13"和"星期五"，认为它们是不吉利的数字和日期；忌讳乌鸦，认为它是一种不祥之鸟，会带来灾难和厄运；忌讳"死亡"这样的字眼，如果谈话中用这样的字眼，容易引起争斗；忌讳用刀子作为礼物，认为刀子会隔断情谊；忌讳紫色，认为紫色是与死亡相关的色彩。另外，秘鲁人还忌讳食用海星之类的奇形怪状的食物。

秘鲁女孩

小贴士：时间观念

秘鲁人时间观念较差，参加各类活动特别是晚间的活动时常会迟到半个小时或更长时间。

出入境秘鲁要注意什么

秘鲁的官方语言为西班牙语，只有少数人会讲英语。从机场入境需填写移民局表格，入海关时需申报三种货品：农作物、动植物及特准通关货品。秘鲁机场要求提前3个小时办理登机手续，并且，需持有机票和护照才能进入机场换票大厅，送机人员不得入内。机场建设费约为30美元。秘鲁对入境携带货币没有限制，但是对出境携带货币有限制，最高不得超过4000美元。另外，还有离境机场税：国际航班30美元/人，国内航班8美元/人。需要特别提醒的是，赴秘鲁需要到指定医院注射黄热病疫苗并取得证明。

小贴士：签证

我国公民申请赴秘鲁旅游签证，需要提供以下材料：①有效期至少为6个月的护照；②提供秘鲁外交部给秘鲁驻华使馆的DGC电文号；③去秘鲁的往返机票；④证明申请人经济偿付能力的最近3个月的银行存款状况证明，需经中国外交部和秘鲁驻华使馆认证；⑤若申请人为未成年人，并由父母以外的人陪同旅行，需要其父母授予的委托书并由中国外交部和秘鲁使馆认证；⑥无犯罪记录。

秘鲁农村风光

哥伦比亚

哥伦比亚人有怎样的日常禁忌与喜好

哥伦比亚人绝大多数信奉天主教，少数人信奉基督教，为人热情，性格豪爽。他们喜欢蟾蜍图案，认为蟾蜍是一种吉祥的动物，象征着五谷丰登和子孙满堂；喜爱数字“3”、“5”、“7”，认为这些数字给人以积极的印象，并视其为吉祥之数；最厌恶“13”和“星期五”，认为它们是灾难、厄运的数字和日期；新教派“麻袋人”(将身体的右半边从头至脚用麻袋片遮掩起来，故称)认为人体右边作恶多端，是罪恶之源。所以，只用左手，禁用右手；忌讳黑色、紫色，认为都是丧色；最厌恶基督教中传说的叛徒犹大。因此，在每年复活节前的星期六，他们总习惯焚烧犹大丑像，以示解化痛恨；忌讳有人议论斗牛运动的不好。他们认为民间传

哥伦比亚咖啡

统的习俗不容他人说三道四，只有不懂礼貌的人才会贬低他们引为自豪的斗牛运动。

哥伦比亚人的见面礼仪有什么特别讲究

哥伦比亚人注重礼仪，在社交场合与客人相见，一般习惯以握手为礼。男性在见面或离别时，要与在场的所有人一一握手致礼。女性一般只和女性握手，异性之间多是鞠躬点头致意。哥伦比亚人很讲究见面时的称谓，最常用的称呼是先生和女士（或夫人、太太）。对未婚男女青年可称少爷、小姐。哥伦比亚人也非常注重社交场合的仪表，男性应穿西装，系领带，穿皮鞋。女性要穿套裙，化淡妆。他们认为衣着不整是对别人的不礼貌行为。

小贴士：款待与馈赠

如果你应邀到哥伦比亚人家里做客，最好在到达前送去水果、鲜花或巧克力等礼物；如果时间太紧，事后也可以补上，同时须附上一封感谢信。如果关系较好，可以给男的送领带，给女的送香水。

哥伦比亚国旗

乌拉圭

乌拉圭人有哪些日常禁忌

乌拉圭人忌讳数字“13”和“星期五”。他们认为“13”和“星期五”会给人带来不幸或灾难。因此，人们平时都想方设法地回避“13”和“星期五”。乌拉圭人还忌讳颜色中的青色，认为青色意味着黑暗的前夕，并会给人以压抑之感，是一种令人懊丧或倒霉的色彩。此外，他们在日常交谈中还不愿谈论涉及政

乌拉圭克洛尼亚省的街头舞蹈者

治方面的话题。

乌拉圭人有怎样的独特生活习俗

乌拉圭人偏爱茉莉花和桃红色的山楂花，认为这些花给他们的生活带来了幸福、美好，带来了新鲜的生活气息。乌拉圭的科烈达镇人有个独特的生活习俗。他们把戴帽子列为未婚女子的专有权利。女子一旦结婚，便不能继续戴帽子。如若因特殊原因不得不戴，也只能戴有色的帽子。

乌拉圭国旗

小贴士:礼节礼仪

乌拉圭人在社交场合与客人相见或告别时，一般都以握手为礼。在与亲朋好友相见时，多施拥抱礼。

圭亚那

圭亚那人的礼仪与禁忌是怎样的

圭亚那人见面一般行握手礼，常用称呼为“先生”、“女士”、“夫人”或“太太”。对未婚青年男女，可称为“少爷”和“小姐”。公务活动见面称呼一般在姓氏后加行政职务或学术职称。需要注意的是，在与圭亚那女性交谈中不要询问其年龄，否则她们会很反感。此外，圭亚那人也不喜欢“13”这数字，认为“13”是不吉利的数字，会带来厄运。

圭亚那国旗

在圭亚那旅行外出需要注意些什么

圭亚那由于受历史的影响，经济和政治都不是十分稳定，因而，治安也不是很好，常发生一些暴力事件与偷窃事件。在圭亚那旅行需要注意自身的安全问题以及保管好自己的随身物品，钱币及贵重物品要妥善保管。同时，尽量避免去一些治安比较差的地方。

小贴士：小费

餐厅小费是账单的10%；酒店行李员和客房服务员为每日1圭亚那元；出租车司机一般不需给小费，当然你也可以为求更方便而给点小费。

圭亚那亚马逊河岸风光

玻利维亚

在玻利维亚参加商务活动要注意些什么

玻利维亚商界习俗与欧洲相近，人们在参加商务活动时通常会穿保守式的西装或套装。见面称呼一律以职务和姓氏相称，他们的名字只用在私交之间。“夫人”都称作“太太”，至于年轻女性，或不知已婚与否，一律称“小姐”。公私拜会均须提前预约。当你事先以电话邀约后，对方音讯全无的情况也时常发生。而且赴约时，对方大多会迟到。但不管怎样，你也应准时赴约，以免失礼。见面交谈时，要避免谈论政治、宗教等敏感问题。也不要赞美智利，因为两国从1880年开始，就不断有边界纠纷。

玻利维亚拉巴斯街头的手工艺品

小贴士：出行

首都拉巴斯是山城，坡路较多，特别是这里海拔较高，比平原缺氧30%，一般人到此均有头昏等高原反应。因此，外出时行走不可过快，不可做剧烈活动。过马路应注意来往车辆，走人行横道。

在玻利维亚乘坐出租车要注意什么

在玻利维亚，车门必须轻轻地关，否则会令人反感，尤其计程车更甚。另外，当地计程车都是几个人合乘的，也可一次付4人的车资包租计程车。

小贴士：社会治安

在玻利维亚一般是安全的，但外出游玩要时刻注意国际恐怖组织的危险性，同时要保持一定的警戒性。除此之外，社会的动荡和不安定也是对玻利维亚治安的主要威胁。这里的公众游行和罢工也很常见。

玻利维亚旅行住宿须知

玻利维亚饭店种类较多，从低端的公寓、家庭旅馆到高端的五星级酒店都有。玻利维亚最便宜的住宿是在可巴卡巴那区，而沿着亚马逊河地区的住宿费用是最昂贵的。需要特别提醒的是：在玻利维亚的住宿费用是可以议价的，尤其是在旅游淡季。

小贴士：电压

玻利维亚饭店电源为220伏交流电，50赫兹。欧式两腿圆形插头或日式两腿扁平插头都可以使用。

玻利维亚风光

澳大利亚

澳大利亚人有怎样的社交礼仪

在澳大利亚，握手是最常见的见面打招呼方式，拥抱和亲吻比较少见，且多用于女性好友之间。澳大利亚男性具有绅士的风度，讲究“女性优先”，不轻易表露感情，不喜欢拥抱亲吻这样的亲密动作。澳大利亚人在与别人交谈时，常常会盯着对方的眼睛，他们认为这是尊重对方且聆听对方说话的表示，可能初次相见时会让人感到不自在或尴尬。在称呼上是先说姓，然后接上“先生”、“小姐”或“太

澳大利亚墨尔本夜景

太"之类的。在工作场合或友人聚会时，澳大利亚人通常会直呼对方的名字。此外，初次见面时，许多澳大利亚人不愿被问及年龄、婚姻状况、孩子或金钱等问题。

小贴士：时间观念

澳大利亚人时间观念非常强，对约会是非常讲究信义的，有准时赴约的良好习惯。

澳大利亚人有哪些饮食禁忌

澳大利亚人的饮食习惯可谓多姿多彩，日常以吃英式西餐为主，口味清淡，不喜油腻，忌食辛辣。其食品素以丰盛和量大著称，尤其对动物蛋白质的需要量最大。具体而言，澳大利亚人的主食是面包，且大多爱吃牛羊肉，对于鸡肉、鱼肉、禽蛋也比较喜爱。爱喝的饮料有牛奶、咖啡、啤酒和矿泉水等。

一般来讲，澳大利亚人不吃狗肉、猫肉、蛇肉及动物的内脏与头、爪。忌讳在食物中添加味精。在澳大利亚的达尔文市等，人们外出用餐时必须衣着整齐，否则将被禁止入内。平日里的澳大利亚人喜欢外出野餐，以烧烤为主。另外，其土著居民目前仍过着渔猎的生活，不会耕种粮食、饲养家禽。他们吃饭时经常生食，并习惯以手抓食。

澳大利亚袋鼠

小贴士：袋鼠肉

其口味和牛肉有点相似，但没有牛肉嫩，也没有什么特别之处。但是，来澳大利亚旅游，品尝一下作为澳大利亚国兽的袋鼠肉，无疑会有另一种文化上的享受。袋鼠肉在大部分州允许销售，一些肉店有鲜肉供应，一些餐馆有袋鼠肉的餐肴，价格和牛肉接近。

在澳大利亚乘出租车有什么讲究

在澳大利亚，乘坐出租车时有个很特殊的礼节习俗，就是在乘车时，要与司机同排而坐。如果是两个人，其中必有一人与司机同排坐。即使是夫妻，丈夫也会与司机同排，而妻子独自坐于后排。他们认为这是对司机的尊重，认为人人都是平等的，只是分工不同而已，谁也不能看不起别人，应强调友谊。因此，在澳大利亚旅游，游客也应入乡随俗，不然会很失礼。

需要提醒的是，在澳大利亚乘车时不论大人还是小孩，都要记住扣好安全带，因为，不系安全带是违法的。

小贴士：出行安全

澳大利亚车辆靠左行驶，过马路时，一定要注意来往车辆。过红绿灯路口时，当绿灯亮时才可通行。由于澳大利亚司机习惯看交通指示灯，所以千万不要随便穿越马路。

澳大利亚疾驰的出租车

在澳大利亚购物如何退税

澳大利亚购物退税制(TSR)规定：凡于30天内在同一家GST注册商店购买澳币300元或以上的物品，并取得该店税单的，即可在离境时办理有关退税手续。提出退税的物品游客必须于离境时手提出境。购物退税柜台设于各国际机场的出境区。游客在海关查验护照后即可至退税柜台办理。游客须出示购买的物品、商店开立的税单、护照及国际航班的登机证，手续简单快捷。若退税金额低于澳币200元，游客可选择领取现金。但需注意，所有退税申请必须在购物后30日内提出，否则，无法退税。此外，澳大利亚商场买东西不能讨价还价。

澳大利亚纸币

小贴士：货币兑换

所有出入境旅客都可在国际机场享用外币兑换服务，兑换外币和旅行支票，可在大多数银行办理，方便快捷。旅行支票可在银行或酒店兑换，汇率按当天银行公布为准。

在澳大利亚住宿需要注意些什么

澳大利亚酒店的星级评定标准略低于我国的水平，酒店的退房时间为中午12:00之前，如果超时需要加收费用。酒店提供免费和收费电视两种选择，观看收费电视前一定问询清楚收费标准，避免因此产生纠纷。酒店客房内的电话拨打外线需要额外收费，且费用比较昂贵，建议拨打长途电话时购买电话卡使用。酒店内自来水是可以直接饮用的，但是热水不能直接饮用。如有热水需求，可以使用酒店房间内提供的热水壶。另外，酒店内不允许吸烟，非法吸烟所造成的损失将由吸烟者全部承担。

澳大利亚酒店餐厅

小贴士：电压

澳大利亚使用的是220～240伏特的交流电。与我国的插头相同，所以，带去的小电器可以直接使用。如果携带的电器电压是100伏特，请检视是否有110～240伏特的转换器，如果没有，便需使用变压器。

澳大利亚人有哪些日常禁忌

澳大利亚人最喜爱的动物是袋鼠与琴鸟，忌讳兔子，认为兔子是不吉利的动物，遇到兔子意味着厄运即将降临；忌讳"13"和"星期五"，认为它们会带来厄运。所以，人们在生活中极力避免使用"13"和在"星期五"办事；忌讳被别人称为

“外国人”，认为那是失敬的称呼；忌讳在公共场合大声喧哗，认为这是无礼的行为；忌讳在周日约会，因为周日是澳大利亚基督徒的“礼拜日”，这天邀约会被认为是不尊重对方。此外，还忌讳“自谦”的客套语言，认为这是虚伪和无能或看不起别人的表现。

澳大利亚国旗

小贴士：国旗

澳大利亚国旗为长方形，长与宽之比为2:1。其旗面深蓝色，左上角为英国国旗，表明其与英国的关系。“米”字旗下的大七角星寓意澳联邦的六个洲和联邦区。靠旗杆侧上角为英国米字旗，下部有一颗白色的七角星；其余四颗较大的白色七角星与一颗较小的白色五角星，代表太平洋上空的南十字星座。

新西兰

与新西兰人交往要注意些什么

新西兰人大多数信奉基督教和天主教。在新西兰社会中，人们初次见面多以姓后直接加上“先生”、“夫人”、“小姐”等来称呼对方，熟悉之后可以互相直呼其名。新西兰人时间观念较强，约会须事先商定，准时赴约。如果是应邀去新西兰人家做客，那么，提前几分钟到达为好，以表示对主人的尊敬。新西兰人不喜欢大声喧哗和装腔作势。他们喜欢谈论的话题有体育、气候、旅游等，忌讳谈论政治、宗教、种族等问题。

新西兰农场风光

他们忌讳“13”和“星期五”，认为它们会带来厄运。所以，无论做什么事情，人们都要想方设法避开“13”和“星期五”。忌讳男女混合活动，即使看戏、看电影，也要男女分场。忌讳建造或居住密集型的住宅。

小贴士：送礼习俗

在新西兰应邀到人家里做客时，通常应带一盒巧克力或者一瓶威士忌作为礼物，收到这样的礼物主人是会很高兴的。

新西兰毛利人有着怎样独特的见面礼仪

新西兰的土著毛利人属于棕色人种，信奉原始的多神教，还相信灵魂不灭，尊奉祖先的精灵。他们至今仍然保留着浓郁的传统习俗，在欢迎来访者时，会采用自己的传统问候礼节，即“碰鼻礼”。“碰鼻礼”的具体做法是：在迎接客人时，主人与客人必须鼻尖对鼻尖连碰两三次或更多次数。按照毛利人的风俗，碰鼻子的时间越长，说明受到的礼遇越高，越受欢迎。反之，则礼遇较低。

新西兰毛利人木雕

出境新西兰应注意些什么

新西兰海关规定，游客在办理出境或离境手续前，要申报随身携带的现金。如果游客所带现金超过1万新西兰元，需填写“边境现金申报表”。17岁以上的游客可以携带免税商品：200支香烟或250克烟草或50支雪茄，或者三样混合重量不超过250克；4.5公升的葡萄酒或啤酒、1.125公升的烈酒一瓶。全部商品总额在700元新币以下的免税，超过则需交纳关税和商品税。

新西兰国旗

小贴士：签证

我国公民赴新西兰旅游需要签证，新西兰“一般访问签证”适用于来新西兰旅游、探亲、访问或者短期游学。旅行者可以自己申请旅游签证，也可以通过新西兰移民局的合作旅行社进行办理。

与新西兰人做生意应注意些什么

新西兰人遵从平等的原则，反对将人划分为三六九等。因此，与新西兰人做生意时，必须按照他们的商业习惯，遵从公平、公正的原则。这点在新西兰人对商品的定价上体现得非常明显，因为他们一旦提出商品的定价就不会再做更改，他们认为这个价格是公平合理的。所以，他们不再接受易价。此外，与新西兰人做生意还应注意一些细节，把握好这些细节对于生意的成败，可以起到事半功倍的作用。首先是穿着。在新西兰参加商务活动，一定要注意穿着，服装要保守庄重，得体大方。不然，新西兰人会认为你不重视与他们的合作，而导致不欢而散。其次，不要随便送礼。以送礼来促成生意的策略，在新西兰并不可行，反而可能会适得其反。第三，要察言观色。如果经过谈判，对方询及交货日期、品质及付款条件等，那么，可大体确定生意可成交了。最后，要宴请对方。生意谈成之后，最好表示谢意，可以宴请相关人士。这样做一来可以庆祝生意的成功，二来可以增进合作双方的感情，为以后的长期合作打下良好的基础。

小贴士：出行

新西兰的主要交通工具有计程车与公共汽车两种。商务或旅游观光最好选择搭乘计程车。新西兰计程车司机都很亲切，同时，也不用给小费。另外，饭店也不另加服务费或税金。

新西兰纸币

新西兰人有怎样的饮食习俗及讲究

新西兰人的饮食习惯受英国统治时期的影响，大体上与英国相同，吃饭以西餐为主，口味偏清淡。新西兰人对动物蛋白质的需求量比较大，爱吃牛肉、羊肉、鸡肉、鱼肉等。他们吃饭时有个良好的习惯，那就是吃饭时不喜欢说话，说话一定要等到饭后。所以，当地患胃病的人数较少。新西兰人喜欢喝啤酒，人均年啤酒消费量高达110公升。同时，他们也喜欢喝烈性酒，但政府对烈性酒进行了管控，餐馆出售烈性酒也是有限制的。除了爱喝酒，新西兰人还喜欢喝茶，饮茶如今已成为新西兰人的一大嗜好，每日必饮几次。对红茶更是一日不可或缺。

新西兰美味海鲜

小贴士：美食

新西兰美食中最有特色的是毛利火锅。其做法是把薄薄的石头烘热，放入地洞，把包裹好的食物放进并熏热，熟后打开来吃，原汁原味，唇齿留香。

斐 济

斐济人见面如何打招呼

在斐济，人们有着特殊的见面打招呼方式。他们见面先是相互微笑，并挑动眉毛，然后再问好，行握手礼。在斐济的一些岛上，人们的见面礼节更是独特，他们的习俗是先相互伸开一只手掌，然后用中指互相勾一勾来表达问候。以上两种见面礼节，只存在于斐济，比较独特。

小贴士:基本常识

斐济群岛共和国共包括322个岛屿,其国家名称是源自"岛屿"的汤加语,并变为斐济语的"Viti"。楠迪国际机场坐落于维提岛西部的斐济第三大城楠迪,成为最主要的游客入境港口。国花为扶桑。官方语言是英语、斐济语和印度斯坦语。

斐济热带风光

为何斐济女性不穿裙子,男性又穿裙子又戴花

斐济穿裙子的男子

在斐济,无论男女都戴花。令人惊讶的是,这里的男性居然也穿裙子。在大街和海滩上,到处可以看到身穿花衬衣和齐膝裙子的男性。原来这种裙子是斐济男性的家居服,称为"solo"。在斐济,女性不爱穿裙子,但男性却十分喜爱。斐济的男性也要比女性更爱打扮。此外,在斐济的苏瓦岛上,你还会发现更有意思的事情,那就是高大威猛的男警察们穿着"solo"指挥交通,而女警察们却穿着裤装。这真是一道独特的街头风景,到了斐济你可千万不要错过。

在斐济,为什么不能随便戴花

斐济的花很多,人们尤其钟爱一种红色的花,那就是扶桑花,又称木槿花,是斐济的国花。来到斐济,你会发现男男女女无一例外地戴着鲜花,放眼望去,简直就是花的海洋,色彩斑斓。不过,斐济人戴花可不是随便乱戴的。据说,花戴在左边表示未婚,而把花戴在两边则表示已婚。因此,在斐济旅行,当你想体验一把异域风情时,一定不要把花戴错了位置。

小贴士：国旗

斐济国旗呈横长方形，长宽之比为2:1。旗底为浅蓝色，左上方为深蓝色底上红、白两色的"米"字图案，旗面右侧的图案是斐济国徽的主体部分。浅蓝色象征海洋、天空；"米"字图案是英联邦国家的标志，表明斐济与英国的传统关系。

斐济国旗

在斐济为什么女性留短发，男性留长发

在斐济，男性认为长发有魅力，因此也不经常理发，并且日常生活中他们也十分珍爱自己的头发，每天勤于梳洗打理。有些男性的头发甚至长达1.5米左右。而斐济的女性却恰恰与男性相反，她们只有在年轻时留长发，一旦结婚便会剪短，也会经常理发，之后就一直维持着短发的形象。所以，在斐济，看到男性留长发，而女性留短发，你也不要感到惊讶。

斐济人有哪些日常禁忌

斐济人的宗教信仰分为三种：基督教、佛教和伊斯兰教。人们生活中的禁忌更多地受到了宗教信仰的影响。斐济人忌讳数字"13"，认为它是不吉利的数字，会带来厄运；忌讳敬"卡瓦酒"时，别人拒喝，这样的行为会被视为一种侮辱；忌讳触摸别人的头，认为这是对人的一种羞辱；女性不得穿露肩的无袖上衣或者长度不及膝盖的短裙。进入当地人家中一定要脱鞋，否则是一种冒失的行为。另外，伊斯兰教徒禁食猪肉，也忌讳使用猪皮制品。在斐济的村庄，人们忌讳别人进村戴帽子，认为这样是对村长的不尊重，因为只有村长才有戴帽子的权力。

斐济冷杉球果

汤 加

在汤加为什么不能夸奖女性身材苗条

在汤加，人们审美观极为特殊，以胖为美，以胖为荣，以胖为贵。所以，汤加贵族不论男女，通常都很肥胖。在这里，腰身就象征着地位。而女性身体越肥胖，且脖子越粗短，被认为越美丽。因此，有些不太胖的汤加女性为了增加姿色，往往还会在腰间缠绕大量布带来增加腰围，以显肥胖。基于此，汤加女性最忌讳听到的话就是说自己身材苗条，认为这是最恶毒的诅咒，比骂她还严重。

汤加海边落日风光

小贴士：图普四世国王

图普四世体重最高达 209.5 公斤，他因此被载入《吉尼斯世界纪录》，成为全球最肥胖的君主。据称，这一纪录至今无人能破。

汤加人有什么样的见面礼仪

汤加人在社交场合与宾客见面时，一般会行握手礼，并习惯相互问候和寒暄几句。在汤加，等级低的人拜见等级高的人时，要行吻足礼。

小贴士：汤加人性格特点

汤加人性情豁达，态度轻松，喜歌善舞，彬彬有礼，热情好客。

汤加人的日常禁忌有哪些

汤加人大多信奉基督教，人们把星期日作为“安息日”。在这天，大家都不外出工作，只在家做些杂活。他们还忌讳数字“13”，认为“13”是不吉利的数字，会带来厄运；忌讳吃饭时说话，认为这是一种不礼貌的举止；忌讳将鲜花作为礼品送人，因为鲜花在汤加大多被用在与葬礼相关的仪式上。送鲜花表意不好，所以，人们忌讳。

汤加国旗

巴布亚新几内亚

为何说在巴布亚新几内亚夫妻吵架供观赏

在巴布亚新几内亚，有一种令人难以置信的传统娱乐方式——夫妻吵架。夫妻越吵心情越愉快，越吵越恩爱。在巴布亚新几内亚，各地还专门设有供夫妻吵架的场所。每当有夫妻来这里一决高下时，观赏者就会从四面八方赶来助兴。他们吵得越凶，观赏的人们情绪就越高涨，谁能用最尖刻、恶毒的语言把对方置于窘地，谁就会被认为是吵架水平高超者，人们就会视之为偶像。这种吵架一般会持续到相互唇舌发僵为止，双方才会鸣金收兵。最后，夫妻俩会冰释前嫌，愉快地挽臂返家，同时娱乐也宣告结束。

小贴士：基本常识

“巴布亚”在马来语中意为“卷发”，由岛上居民的卷头发特征而得名。货币为“基那”。官方语言为英语，巴布亚人多讲莫土语，新几内亚人多讲皮金语，皮金语在全国较为通用。

巴布亚新几内亚农场小屋

巴布亚新几内亚有哪些日常禁忌

巴布亚新几内亚绝大多数人信奉基督教，对猪极其崇爱。有的部族酋长，为了表示对猪的崇敬以及强调权势，将自己的鼻子上挖洞将野猪的爪尖嵌进去；还有的酋长为了表示对猪的信仰和显示力量，把野猪的睾丸串起来戴在手腕上。他们忌讳“13”，将其看成是不吉利的数字，认为会给人们带来厄运。男子忌提重物。吉米族人忌讳飞狐、猫头鹰和其他长着短嘴的鸟。因为这些动物没鼻子，意为没有阳性生殖器。

在巴布亚新几内亚男人为什么不提重物

在巴布亚新几内亚，男人是绝对不能提举笨重物品的，否则将被视为莫大的耻辱，遭到周围人的鄙视。即使在与女人同行时，也不会破例。如果一个男人被人发现肩负重物，其妻就可能遭受惩罚。过去，甚至有因此丢掉脑袋的危险。因此，在巴布亚新几内亚看到妇女肩扛重物，而其丈夫空手而行的景象，你一定不要惊讶。

巴布亚新几内亚国旗

策　划：丁海秀　李荣强
责任编辑：李荣强
部分图片提供：壹图　全景图片

图书在版编目（CIP）数据
不可不知的海外旅游禁忌／行摄旅途编辑部主编. —北京：旅游教育出版社，2012.6
ISBN 978-7-5637-1674-6
Ⅰ.①不… Ⅱ.①行… Ⅲ.①风俗习惯—禁忌—国外 Ⅳ.①K891
中国版本图书馆CIP数据核字（2012）第086690号

不可不知的海外旅游禁忌
行摄旅途编辑部　主编

出版单位：旅游教育出版社
地　　址：北京市朝阳区定福庄南里1号
邮　　编：100024
发行电话：（010）65778403 65728372 65767462（传真）
本社网址：www.tepcb.com
E－mail：tepfx@163.com
印刷单位：北京世艺印刷有限公司
经销单位：新华书店
开　　本：720×1000　1/16
印　　张：17.5
字　　数：237千字
版　　次：2012年6月第1版
印　　次：2012年6月第1次印刷
定　　价：39.80元
（图书如有装订差错请与发行部联系）